Roland Gradwohl
Der jüdische Glaube

ctb calwer taschenbibliothek 84

Roland Gradwohl

Der jüdische Glaube

Eine Einführung

Calwer Verlag Stuttgart

Hinweis: Der Text des vorliegenden Buches ist auch im »Grundkurs Judentum« (vgl. S. 72) abgedruckt.

Die Deutsche Bibliothek – CIP-Einheitsaufnahme

Gradwohl, Roland:
Der jüdische Glaube: eine Einführung/
Roland Gradwohl. – Stuttgart: Calwer Verl., 2000
(Calwer Taschenbibliothek; 84)
ISBN 3–7668–3699–4

ISBN 3–7668–3699–4

Umschlaggestaltung: ES Typo-Graphic, Stuttgart
Satz: Karin Klopfer, Calwer Verlag
Druck und Verarbeitung: Druckhaus Beltz, Hemsbach

Inhalt

Der Ursprung

»Es sagte der Herr zu Abram: ›Zieh hinweg aus deinem Land und aus deiner Verwandtschaft und aus deinem Vaterhaus in das Land, das Ich dir zeigen werde. Ich mache dich zu einem großen Volk. Ich werde dich segnen und deinen Namen groß machen. Sei ein Segen! Ich werde segnen, die dich segnen, und fluchen jenem, der dich verflucht. Gesegnet werden durch dich alle Familien der Erde‹« (1. Mose 12,1–3). Abram heißt der Mann, den Gott ruft, auf deutsch: ›Hoher Vater‹. Später wird der Name erweitert in Abraham: ›Vater einer Völkermenge‹ (1. Mose 17,4f). Abraham lebt in der syrischen Stadt Harran, in welcher der Mondgott Sin verehrt wird. Zusammen mit seinem Vater Terach – wie Abrahams Mutter heißt, wird verschwiegen – und seiner Familie ist er aus Ur im Chaldäerland, am Südlauf des Eufrat, dahin gelangt. Doch hier, in diesem Zentrum der Götterverehrung, darf er nicht bleiben. Nach Terachs Tod fordert ihn Gott zum Aufbruch auf: »Zieh hinweg ... in das Land, das Ich dir zeigen werde.« Über das Ziel ist sich Abraham von allem Anfang an im Klaren, denn er schlägt von Harran die Route in den Süden ein, zum Land Kanaan. Und doch ›zeigt‹ ihm Gott das Land, weil Er Abraham dessen Umfang wissen läßt und ihm zugleich bekräftigt, es werde ihm und seinen Nachkommen zu Eigen gegeben.

Mit dem Ruf Gottes an Abraham beginnt die Geschichte Israels, die Geschichte eines neuen Volkes. Abraham ist sein (erster) Stammvater. Juden nennen ihn daher verehrend *Awraham awinu*, ›unser Vater

Abraham‹. Ein eigentlicher Religionsstifter ist Abraham nicht, wenn er auch durch sein Eintreten für Gott vor den Menschen und für die Menschen vor Gott (etwa in 1. Mose 18,17–33) seinen Glauben bezeugt. Nach der Tora (= Fünf Bücher Mose; Pentateuch), der ›Lehre‹ und Weisung Gottes, kennen auch Adam oder Noah nur den Einen-Einzigen Gott, den Schöpfer des Universums, der sie anspricht und dem sie antworten. Dass sie – wie später Israel – »fremden Göttern gedient« hätten, wird nirgends gesagt. Erst Terach, Abrahams Vater, wird als Polytheist gekennzeichnet (Josua 24,2). Nicht in der monotheistischen Ausrichtung unterscheiden sich Adam und Noah von Abraham, vielmehr in diesem: Adam ist der Vater der ersten Menschheit, der Menschheit vor der Wasserflut, Noah der Vater der zweiten Menschheit, der Menschheit nach der Wasserflut. Der Schauplatz des Geschehens ist die ganze Erde. Bei Abraham konzentriert sich das Geschehen auf ein einzelnes Volk und ein einzelnes Land: auf das Volk Israel und das Land Israel. Abraham ist der Begründer eines »großen Volkes« – nicht mehr einer neuen Menschheit, sondern eines Teils innerhalb der bestehenden – und der Empfänger eines kleinen Stücks Erde. Die Dimensionen der Masse und des Raums sind unvergleichlich enger geworden, aber sie werden erweitert um die Dimension des Tuns, des Wirkens. Abrahams Nachkommen sind nämlich nicht bloß gesegnet, sondern zugleich Segensträger. Bei Adam und Noah heißt es (gleichlautend) »Seid fruchtbar und mehret euch und füllet die Erde ...« (1. Mose 1,28; 9,1), bei Abraham aber – auch wenn ihm Fruchtbarkeit und »Erde« zugesagt sind – »gesegnet werden durch dich alle Familien der Erde.« Konkret bedeutet dies, dass Abrahams Nachkommen Gottes Wirken in der Schöpfung und Geschichte verkünden und Seinen am Sinai offenbarten Willen (2. Mose 20) beispielhaft und beispielsetzend zu verwirklichen trachten. Der Segen für ein einzelnes Volk wird dann zum Segen für die Völkerwelt.

Gott spricht zu Abraham, erwählt ihn zu einem Auftrag (»Zieh hinweg ...«), verheißt ihm Nachfahren und einen Landbesitz. Die Verheißung wird – nach dem Zeugnis der Tora und der biblischen Propheten – von Gott nicht widerrufen, und daher besteht auch die ›Dreiheit‹ von Gott, Volk Israel und Land Israel für alle Zeiten. In der Berufung Abrahams sieht Israel bis heute den Beginn seiner Geschichte und seiner spezifischen Glaubensweise. Bemerkenswert ist dabei, dass auch jene Juden, die sich nicht nach allen Glaubensvorschriften richten wollen und sich im Extremfall als atheistisch einstufen, die Bindung an Abraham nicht aufgeben. Zu Recht nicht, denn auch der glaubenslose Jude ist als Abraham-Nachfahre hineingenommen in die Geschichte des Volkes Israel. Er ist und bleibt Teil der Gemeinschaft, und selbst wenn er zu einer anderen Religion konvertiert, ist sein Judesein nicht aufgekündigt. (»Obschon er gesündigt hat, ist er Israel«, lehren die Weisen[1].) Weil der nationale Aspekt im Christentum keine Rolle spielt – es gibt kein ›christliches Volk‹, wie es ein jüdisches Volk gibt – und nur das religiöse Bekenntnis besteht, ist ein ›atheistischer Christ‹ oder ein Christ, der Jesus nicht als seinen Messias akzeptiert, kein Christ mehr.

Das Bundesverhältnis zwischen Gott und Israel

Was Gott dem Abraham verheißt, besiegelt Er durch einen »Bund auf ewig« (hebr. *b'rit olám*[2]; 1. Mose 17,7), der daher für Abrahams Nachkommen gültig bleibt. Abermals wird das Land zugesprochen: »das ganze Land Kanaan zum ewigen Besitz« (1. Mose 17,8), ähnlich in 1. Mose 15,18: »dieses Land vom Strom Ägyptens (vermutlich Wadi El-Arisch im nördlichen Sinai) bis zum großen Strom, dem Eufrat«. Daneben erklärt Gott: »Ich werde ihnen (den Nachkommen) zum Gott sein« (1. Mose 17,8). Abraham und seine Nachfahren müssen zum »Zeichen des Bundes« (1. Mose 17,11) das männliche Genitale »beschneiden« (1. Mose 17,11.24). Die Beschneidung (hebr. *milá*) ist ein Brauch, der bereits vor diesem Bundesschluss existiert und – so bei Naturvölkern bis heute – als sogenannter Initiationsritus den Beginn der Mannbarkeit kennzeichnet. Bei Abraham erhält er eine betont religiöse Färbung, zumal dann die jüdischen Knaben bereits im Alter von acht Tagen zu beschneiden sind (1. Mose 17,12). Zu diesem frühen Zeitpunkt werden sie in den ›Abrahamsbund‹, den ›Bund der Beschneidung‹ (*b'rit milá*), aufgenommen.

Das Bundesverhältnis Gottes mit Abraham überträgt sich kontinuierlich auf dessen Sohn Isaak (1. Mose 17,21) und den Enkel Jakob (2. Mose 6,8; 3. Mose 26,42), und es dauert weiter, hin zum Sinai. Nach der Offenbarung der Zehn Gebote verpflichtet sich Israel durch die Aussage »Alles, was der Herr gesprochen hat, wollen wir tun und (darauf) hören«

(2. Mose 24,7) in völlig freier Entscheidung, den göttlichen Willen zu respektieren. Gott seinerseits schließt mit der Volksgemeinschaft einen Bund (24,8). Neu ist er allerdings nicht, dieser Bund, sondern nur erneuert. Der Bund vom Sinai ist von seinem Inhalt her identisch mit dem Abrahamsbund. Wie Gott Abraham ein Land und eine reiche Nachkommenschaft verheißt und »ihnen zum Gott sein« will, so verspricht Er – nach der Aussage des Propheten Jeremia (Jeremia 11,4f) – den aus Ägypten Ausgezogenen: »Ihr sollt mir zum Volk, und Ich werde euch zum Gott sein. Um den Eid, den Ich euren Väter geschworen, einzuhalten, und ihnen (den Nachkommen) ein Land zu geben, das von Milch (Viehzucht) und Honig (Feigen- und Dattelhonig; also Landwirtschaft) fließt ... « Selbst der »neue Bund«, von dem Jeremia kündet (Jeremia 31,31–34), ist kein wirklich neuer, sondern nur ein verinnerlichter Bund. Er dringt in die Tiefe: »Ich gebe meine Tora (meine Weisung) in ihr Inneres, und auf ihr Herz schreibe Ich sie. Ich werde ihnen zum Gott, und sie werden mir zum Volk.« Noch einmal genau dieselbe Verheißung, die seit Abraham Israel begleitet und es nicht aus ihr entlässt. Mag das Volk auch noch so sehr den »fremden Göttern« nachlaufen, ihnen, wie eine Dirne den »fremden Männern«, nachbuhlen (Hosea 2) – Gott steht zu seinem Wort und seiner Bindung, die der Ehe gleicht, »in Gerechtigkeit und Recht, Liebe und Erbarmen«, vor allem auch »in Treue« (Hosea 2,21f). Und Er glaubt an die dereinst sich einstellende Einsicht des Volkes und an seine Umkehr zu Ihm.

Der Bund Gottes mit Israel beruht – wie jeder Bund – auf der gegenseitigen Verpflichtung der Bundespartner. »Ihr sollt mir zum Volk, und Ich werde euch zum Gott sein.« Gott ist der Herr der Welt und der Herr aller Völker, doch Er geht mit Israel, wenn es »auf meine Stimme hört und meinen Bund bewahrt«, eine besondere Beziehung ein: »Ihr sollt mir ein Kleinod sein unter allen Völkern, denn mein ist die ganze Erde« (2. Mose 19,5). Israel ist ›erwählt‹ – nicht ›auserwählt‹, denn bei diesem Wort schwingt ein Unterton von Überheblichkeit mit –, doch erwählt zu einer Aufgabe, einem Dienst: »Ihr seid mir ein Königreich von Priestern und ein heiliges Volk« (2. Mose 19,6). Zu den Aufgaben eines Priesters im alten Israel zählte neben dem Darreichen der Tempelopfer die Unterweisung der Gemeinde. Er war nicht nur der Geistliche, sondern auch der Mann des Geistes, der Schriftdeutung. Ein Priestervolk innerhalb der Völkerwelt soll Israel sein, willig und durch sein Beispiel befähigt, den von Gott gewünschten Weg zu weisen. ›Heilig‹ (*kadósch*) meint im hebräischen Wortschatz soviel wie ›abgesondert‹ vom Schlechten und Niedrigen und erfüllt vom Guten und Erhabenen, wobei im Letzten nur Gott »heilig ist«, der Mensch aber »heilig zu werden« sich bemühe (3. Mose 19,2) – etwa durch die Realisierung der ungeteilten, auch den Fremden einbeziehenden Mitmenschlichkeit (3. Mose 19,18.34).

Israels *Erwählung* ist daher kein unverdienter Lorbeerkranz, sie ist vielmehr eine Gabe, die zu einer Aufgabe wird – zu einer äußerst schweren Aufgabe, die keiner je wirklich zu meistern vermag. Tragischerweise ist Israel seiner Aufgabe nicht gewachsen gewesen. Es hat den Bund mit Gott durch die Hinwendung zur Götterverehrung immer wieder gebrochen, und es hat auch seine Priesterfunktion für die übrige Menschheit nicht oder jedenfalls nicht genügend wahrgenommen. Die Erwählung durch Gott missverstand es als Schutzvorrichtung gegen Elend und Unglück, gegen die Bedrohung durch Feinde. Da muss es dann etwa vom Propheten Amos das Folgende hören (Amos 3,2): »Euch nur habe Ich erkannt von allen Sippen des (Erd-)Bodens, deshalb ziehe Ich euch zur Verantwortung für all eure Verfehlungen.« Weil es von Gott »erkannt« wurde, wird vom ›Priestervolk‹ ein Mehr, nicht ein Weniger an Menschlichkeit und Opferbereitschaft erwartet. Die Gabe der Erwählung ist in der Tat eine schwere Aufgabe.

Die Quintessenz jüdischer Ethik

Ein Heide wollte das Judentum kennenlernen. Er kam zu dem berühmten Rabbi Schammai und sagte: »Ich will Jude werden unter der Bedingung, dass du mich die ganze Tora (Weisung) lehrst, solange ich auf einem Bein stehen kann.« Der Meister stieß ihn von sich, weil er den offensichtlichen Spott nicht dulden wollte. Darauf kam der Heide zu Schammais Kollegen Hillel (dem Älteren), der wegen seiner Geduld berühmt war. Hillel gab ihm auf seine Provokation die Antwort: »Was dir verhasst ist, tu dem anderen nicht an. Das ist die ganze Tora, alles übrige ist nur Erklärung – geh hin und lerne sie!« Der fremde Mann ist Jude geworden.[3]

Die Tora lehrte (3. Mose 19,18): »Sei lieb zu deinem Nächsten, denn er ist wie du« (weniger sachgemäß übersetzt mit: »Liebe deinen Nächsten wie dich selbst«); sei anständig zu ihm, weil er dieselben Rechte und Pflichten, aber auch dieselben Bedürfnisse wie du besitzt. Hillel zeigt mit seiner Antwort auf das Begehren des Nichtjuden die Kehrseite des biblischen Gebots: Weil man zum Nächsten – und das ist jeder – »lieb«, anständig zu sein hat, daher ist alles Hassenswerte zu unterlassen. Dennoch besteht zwischen der Forderung der Tora und jener Hillels ein Unterschied. Die Forderung der Tora ist schwerer zu erfüllen, weil sie nicht nur wie Hillel die Abwendung vom Schlechten, sondern die Zuwendung zum Guten erwartet, nicht nur das Vermeiden des Negativen, sondern auch das Tun des Positiven.

In die Fußstapfen Hillels, der im 1. Jahrhundert v. d. Z. im Land Israel lebt und – wie Schammai – eine

Lehrschule, das ›Haus Hillels‹, begründet, tritt im 2. Jahrhundert d. Z. Rabbi Akiba, der bedeutendste Gelehrte seiner Zeit. Er ist ein Sympathisant des Freiheitskämpfers Ben Koseba (= *Bar Kochbá*, ›Sternensohn‹; nach 4. Mose 24,17), der im Kampf gegen die Römer 135 d. Z. ums Leben kommt. Rabbi Akiba erklärt: »›Sei lieb zu deinem Nächsten, denn er ist wie du‹ – dies ist eine große Regel in der Tora.«[4] Bis heute hat sich an dieser wichtigen Trägersäule des ethischen Gebäudes nichts geändert.

Was es faktisch bedeutet, nach der »großen Regel« zu leben, lehren im Einzelnen die Zehn Gebote (2. Mose 20; 5. Mose 5) und die vielen anderen Satzungen der Tora. Kein Lebensbezirk wird von ihnen ausgeklammert, wobei immer der Schutz der sozial Schwächeren – der Witwen, Waisen und Fremden, aber auch der Tiere – besonders betont ist (z. B. 3. Mose 19,9–10; 23,22; 25,6–7; 5. Mose 22,1–4; 24,19–22 u. a.).[5] Soziales Denken und Handeln beschreibt Psalm 15, der ursprünglich vermutlich vor Beginn einer Wallfahrt zum Tempel in Jerusalem gesprochen worden ist:[6]

Du,
wer darf gasten in deinem Zelt?
wer wohnen auf deinem Heiligtumsberg?
Der in Schlichtheit geht,
der Wahrhaftigkeit wirkt,
der treulich redet in seinem Herzen,
mit seinem Zungenkram nicht umherrennt,
seinem Genossen Übles nicht tut,
Hohn auf den ihm Nahen nicht lädt,
der Verworfne ist in seinen Augen verächtlich,
aber die IHN Fürchtenden ehrt er,
verschwur zum Übel er sich, ändert er's nicht,

sein Geld gibt er nicht auf Zins,
Bestechung nimmt er wider Unsträfliche nicht:
Der dies tut,
wird in Weltzeit nicht wanken.

Zur Ethik des Judentums gehören auch die *Speisegesetze* (hebr. *kaschrút*) und die Gesetze über den Sabbat und die Feiertage (s. u.). Die Vorschriften über die zum Genuss freigegebenen Tiere (3. Mose 11; 17,10–12; 5. Mose 14,3–21) führen zur Unterscheidung von »rein« und »unrein« (3. Mose 11,47) und zur ›Heiligung‹ des Lebens: »Ich bin der Herr, euer Gott, und ihr sollt euch heiligen und heilig werden; denn heilig bin Ich ...« (3. Mose 11,44). Das Ziel liegt demnach – wie bei den sozialen Satzungen von 3. Mose 19,2ff – in der Nachahmung Gottes. Hygienische Gründe mögen bei der Auswahl der zum Genuss erlaubten Tiere eine Rolle spielen, sie werden jedoch in der Schrift nicht erwähnt. Generell erlaubt sind Früchte, Getreide und Gemüse (natürlich sofern sie nicht der Gesundheit schaden), Milch und Milchprodukte sowie die Eier der zugelassenen Tierarten. Generell verboten ist der Genuss von Blut, denn Blut ist Symbol des Lebens (3. Mose 17,10–14). Eine Blutwurst kommt daher nicht auf den Tisch eines gesetzestreuen Juden. Gestattet sind wiederkäuende Säugetiere, die gespaltene Hufe besitzen (Rind, Schaf, Ziege, Reh u. a.), Fische mit Schuppen und Flossen (der Aal ist nicht erlaubt), Geflügel, Truthahn, Gans, Ente, Taube (orientalische Juden essen auch Wachtelfleisch). Raubvögel sind nicht gestattet, desgleichen nicht Weichtiere (Schnecken, Austern, Hummer, Garnelen). Das Schwein hat gespaltene Klauen, ist aber kein

Wiederkäuer und daher untersagt. Das Gleiche gilt für das Kamel. Pferde und Esel entziehen sich ebenso der jüdischen Küche, weil bei ihnen sogar beide Merkmale fehlen.

Aufgrund des dreimal genannten Verbots »Koch nicht das Böcklein in der Milch seiner Mutter!« (2. Mose 23,19; 34,26; 5. Mose 14,21) wurde von den Weisen das Kochen und Essen und überhaupt die Verwendung einer Fleisch-Milch-Mischung (erschwerend auch einer Hühnerfleisch-Milch-Mischung) untersagt. Erlaubt ist hingegen das Kochen und Essen von Milch und Milcherzeugnissen mit Fisch. Ein Rahmschnitzel wird sich daher ein Jude, der die Kaschrut beachtet, nicht schmecken lassen.

Wesentlich ist ein letzter Punkt: Die erlaubten Säugetiere und Vögel müssen durch die *Schechitá* (›Schächten‹) getötet werden, die jegliche Schmerzempfindung verhindert. Mit einem überaus scharfen Messer ohne jegliche Scharten werden durch einen Schnitt Halsschlagader und Luftröhre durchtrennt. Das Blut fließt sofort stoßartig aus, das Tier verliert sein Bewusstsein und die Schmerzempfindung. Jede Tierquälerei ist verboten, weshalb beispielsweise ein umherirrender Ochse oder Esel seinem Besitzer zugeführt oder einem unter seiner Last gestürzten Esel auf die Beine geholfen werden muss, selbst wenn der Finder des Tiers mit dessen Besitzer zerstritten ist (2. Mose 23,4f; 5. Mose 22,1–4).

Durch die Kaschrut lernt bereits das jüdische Kind, auf Dinge zu verzichten, die ihm munden würden und die es gerne haben möchte. Nicht alles, was es in die Hand nimmt, darf es in den Mund stecken und hinunterschlucken. Der Verzicht aber führt – immer wieder vollzogen – zur Selbstbeschränkung und Selbstbeherrschung, die dann nicht nur beim Essen, sondern im ganzen Leben wichtig sind und sich auch in der mitmenschlichen Beziehung bewähren. Die Kaschrut erweist sich als ein Erziehungsmittel ersten Ranges.

Der jüdische Festkalender

Der Kalender der Tora ist ein *Mondkalender*. Wenn der Mond die Erde einmal umkreist hat, ist ein Mondmonat vorbei. Zwölf Mondmonate ergeben 354 Tage. Im Vergleich zum Sonnenjahr mit seinen 365 Tagen ist demnach das Mondjahr um 11 Tage kürzer. Nach zwei Mondjahren ergibt sich bereits eine Differenz von 22, nach drei Jahren von 33 Tagen, also von über einem Monat, der 29 oder 30 Tage besitzt.

Die Jahreszeiten entstehen durch den jeweiligen Stand der Erde auf ihrer elliptischen Bahn um die Sonne. Damit die jüdischen Feiertage nicht – in rückläufiger Weise – durch die Jahreszeiten hindurchgehen, wurde bereits vor über zweitausend Jahren alle zwei bis drei Mondjahre ein Schaltmonat eingeschaltet. Als Kriterium galt zur Zeit des Zweiten Tempels (er wurde 70 d. Z. durch die Römer zerstört) der Zeitpunkt von *Pessach* (Passa), dem Osterfest, welches im »ersten Monat der Monate des Jahres« (2. Mose 12,2) zu feiern ist. Am Vorabend von Pessach – vom Mittag an bis zur Dämmerung – ließ jede Sippe ein Lamm-Opfer im Tempelbezirk schlachten, dann briet sie es auf offener Glut an einem Stück und verzehrte es möglichst vor Mitternacht, spätestens bis zum Morgengrauen (2. Mose 12). Die Sippenmitglieder kamen von allen Landesgegenden nach Jerusalem.

Waren die Lämmer noch nicht groß und fett genug und zudem die Straßen wegen des Winterregens – und nur im Winter regnet es im Land Israel – voller Schlamm und schwer zu begehen, so war der Zeitpunkt für Pessach offensichtlich verfrüht. Das Synhedrion, die Oberste Gerichtsbehörde, schob daher einen Schaltmonat von 30 Tagen ein. Erst danach wurde Pessach gefeiert. Im Jahr 359 d. Z. publizierte der Patriarch Hillel II. den jüdischen Kalender aufgrund jahrhundertelanger Beobachtungen und Berechnungen. Der Blick auf die Lämmer und Straßen erübrigte sich. Hillel II. ordnete an, siebenmal in 19 Jahren einen Schaltmonat, den Zweiten Adar, einzuschieben. Der Zweite Adar kommt vor dem Nissan, in dessen Abendstunden des 14. Tages Pessach beginnt.

Ein weiterer Brauch fiel damit dahin: der Blick zum Himmel in der Nacht des erwarteten Neumonds. Wer bislang die Neumondsichel gesehen hatte, war verpflichtet, nach Jerusalem zu eilen und das Oberste Gericht zu informieren. Nach der wahrheitsgemäßen Aussage von mindestens zwei Zeugen verkündete das Synhedrion den Beginn des neuen Monats. In diesem Fall ging der Monat mit 29 Tagen zu Ende. War die Neumondsichel wegen eines bedeckten Nachthimmels nicht zu erkennen, so wurde der Monatsbeginn automatisch um einen Tag verschoben. Der vergangene Monat besaß dann 30 Tage. Die Festsetzung des Kalenders setzte der Willkürlichkeit ein Ende. Jeder konnte sich nun im Voraus über die Kalenderdaten erkundigen. Allerdings entfiel auch die feierliche Proklamation des Neumonds durch die Behörde.

Werden die Monate des jüdischen Jahres der Reihenfolge nach gezählt, so beginnt man mit dem »ersten Monat der Monate des Jahres« im Frühling, mit dem Nissan. Wird aber der Festkalender beschrieben, steht der siebte Monat, der Herbstmonat Tischri, mit dem Neujahrsfest Rosch Haschana an der Spitze.

Die Namen der Kalendermonate sind:
Tischri, Marcheschwan, Kislew, Tewet, Schwat, Adar (im Schaltjahr wird der Zweite Adar eingefügt), Nissan, Ijjar, Siwan, Tamus, Aw, Elul.

Die Festtage lassen sich in die folgenden Gruppen einteilen: die *Hohen Feiertage* (Rosch Haschana und Jom Kippur), die *Wallfahrtsfeste* (Pessach, Schawuot, Sukkot mit Simchat Tora) und die *Freuden- und Trauertage*, die teilweise erst aus nachbiblischer Zeit stammen. Eine Sonderstellung besitzt der Schabbat (Ruhetag). Er wird in einem speziellen Kapitel behandelt.

Rosch Haschana und Jom Kippur

Rosch Haschaná, ursprünglich nur einen, heutzutage aber – mit Ausnahme von manchen Gemeinden des progressiven (liberal-religiösen) Judentums – zwei Tage lang gefeiert, ist das jüdische Neujahrsfest. Es fällt auf den ersten Tag des siebten Monats (3. Mose 23,23–25; 4. Mose 29,1). Wie alle jüdischen Feiertage beginnt Rosch Haschana am Abend, genauer: eine Stunde vor Anbruch der Dunkelheit, und findet 25 Stunden später seinen Abschluss. Die Tora spricht von einem »Tag des Lärmblasens« und der »Einberufung der heiligen Festversammlung«, ohne nähere Charakterisierung. Erst die im Talmud (Traktat Rosch Haschana) überlieferte mündliche Tradition nennt die vielen Einzelheiten. Rosch Haschana gilt als Tag des göttlichen Gerichts über die Menschheit. Gott, der Weltenschöpfer, ist zugleich der Weltenlenker, auch nach dem eigentlichen Schöpfungsprozess involviert im Geschehen seiner Schöpfung. Im zentralen Gebet der Rosch Haschana-Liturgie, dem *Awínu Malkénu* (›Unser Vater, unser König‹), ist Gott als König, als Richter angeredet. Ihm zu Ehren wird – wie bei einem menschlichen König, wenn er sich vor seinem Volk zeigt – die Fanfare geblasen, nur besteht die ›Fanfare‹ aus einem Horn (*Schofár*), in der Regel einem Widderhorn. Das Widderhorn assoziiert die Erzählung von der »Bindung (Opferung) Isaaks« (1. Mose 22), der im letzten Augenblick vor dem Opfertod gerettet worden ist. Ein Widder hat an seiner Statt den Opfertod erlitten. Abrahams unbedingter Gehorsam und Isaaks Bereitschaft, das Leben für Gott hinzugeben, wenn es von Ihm gefordert wird, gelten allen Generationen als beispielhaft. Nicht zufällig wurde daher 1. Mose 22 für die Tora-Lesung des zweiten Rosch-Haschana-Tags ausgewählt. Die verschieden langen Schofartöne – der lange, ›gestoßene‹ Ton (*Tekia*), die mittellangen, ›gebrochenen‹ Töne (*Schewarim*) und die kurzen ›Lärm‹-Töne (*Teruá*) – erklingen zu Ehren Gottes, sie sollen aber zugleich die Betenden bewegen, ihr Leben zu überdenken und reumütig zu Gott umzukehren.

Wesentliches Glaubensmoment an Rosch Haschana ist nämlich der Ruf nach Buße, nach Umkehr. Umkehr heißt *Teschuwá*, und das bedeutet auch ›Antwort‹. Jede Umkehr ist gleichzeitig eine neue Antwort auf die alten Fragen, die an den Menschen gestellt sind. Das Judentum geht von der Voraussetzung aus, dass die Umkehr jederzeit möglich ist. Ein Mensch ist nie für immer von Gott geschieden, wenn er die Scheidung, die Trennung wirklich zu überwinden sucht. Wie die Schuld seine eigene Schuld ist, so muss auch die

Umkehr seine eigene Umkehr sein. Von einem Jammertal, aus welchem der Mensch nicht zu entkommen vermöchte, weiß der jüdische Glaube nichts. Selbst der Pharao, Moses großer Widersacher, könnte sich zu Gott hinwenden und damit das drohende Unheil von sich und seinem Volk abwenden. Er will es nicht, weil sein Herz »verstockt« ist, doch gerade deshalb muss er für sein Verhalten geradestehen. Die Schuld eines Menschen hängt mit seiner Willensfreiheit zusammen. Besäße er die Freiheit der Entscheidung nicht, keiner könnte ihn zur Rechenschaft ziehen. Doch weil ein Mensch, so lehrt die Tora, frei ist in seiner Entscheidung, deshalb wird er für sein Tun zur Verantwortung gezogen. Seine Schuld – in der religiösen Sprache: seine Sünde – ist kein Verhängnis. Er hat die Schuld selbst verschuldet. Am Menschen liegt es auch, ob er den Weg der Umkehr beschreiten will oder nicht. Gott fordert: »Bringt (euer Herz) zurück und lebt!« (Ezechiel 18,32). Rabbi Bunam, ein Meister des Chassidismus, der im 18. Jh. in Osteuropa durch Rabbi Israel Baal Schem-Tow begründeten Frömmigkeitsbewegung, sagte zu Recht: »Die große Schuld des Menschen sind nicht die Sünden, die er begeht – die Versuchung ist mächtig und seine Kraft gering! Die große Schuld des Menschen ist, dass er in jedem Augenblick die Umkehr tun kann und nicht tut.«[7] Ob die Umkehr geschieht oder nicht, ist ausschließlich eine Frage des Willens, und zwar des ehrlichen Willens, der sich bemüht, die eingespurten Pfade auch wirklich zu verlassen. Die Weisen Israels lehren: »Sagt jemand: Ich will sündigen und dann umkehren, sündigen und dann umkehren, so ist es ihm nicht vergönnt, die Umkehr zu vollziehen.«[8]

Eine Reihe von Bräuchen geben dem Gedanken des Neubeginns und der Buße Ausdruck. In der Synagoge dominiert die weiße Farbe. Der Vorhang vor der Heiligen Lade mit der handbeschrifteten Tora-Rolle ist weiß. Weiß ist die Decke auf dem *Almemor,* dem Tisch, auf den die Rolle bei der Lesung gelegt wird. Weiß ist der Talar von Rabbiner und Vorbeter (*Chasan*), aber auch die Männer der Gebetsgemeinschaft tragen unter ihrem *Tallit* (Gebetsmantel) einen weißen Überwurf, *Sargenes* oder ›Kittel‹ genannt – »Sargenes«, weil der Tote mit ihm in den Sarg gelegt wird. Weiß ist die Farbe der Reinheit. Rein soll der Jude werden, wenn er ein neues Jahr beginnt und den ›Schmutz‹ des vergangenen hinter sich zu lassen sucht.

Nach dem Gottesdienst begrüßen sich die Leute mit einem *Schaná Towá* (»Ein gutes Jahr!«) oder – ursprünglicher – mit einem *Leschaná towá tikatéwu* (»Zu einem guten Jahr möget ihr [von Gott] eingeschrieben werden!«). Hinter diesem Wunsch steht das Bild vom ›Lebensbuch‹ (*Séfer Hachajím*), in welches Gott seine Geschöpfe einschreibt, nachdem Er über sie zu Gericht gesessen hat. Am Nachmittag des ersten Rosch-Haschana-Tages (wenn er auf einen Sabbat fällt, dann am zweiten) pflegen fromme Juden an ein Gewässer zu gehen und das *Taschlích-Gebet* zu sprechen. ›Taschlich‹ bedeutet: ›Du (Gott) mögest werfen‹. Rezitiert wird der Abschnitt aus dem Propheten Micha (7,18–19): »Wer ist ein Gott wie Du, der Sünde verzeiht ... Er möge sich unser erbarmen, unterdrücken unsere Sünde! Und Du mögest werfen in die Tiefen des Meeres all ihre Schuld! ... « Nach der Rückkehr aus dem Gottesdienst des ersten Abends von Rosch Haschana spricht der Familienvater wie an allen Feiertagen den *Kiddusch*, das Gebet der ›Heiligung‹ über den Tag. Anschließend zerschneidet er einen Apfel und taucht die einzelnen Stücke, ehe er sie unter den Anwesenden verteilt, in Honig. Vor dem Essen wird der folgende Wunsch ausgesprochen: »Es sei der Wille vor Dir, Ewiger, unser Gott, und Gott unserer Väter, dass Du uns ein gutes und süßes Jahr erneuerst.« Der Honig weist auf die erhoffte ›Süße‹ hin.

Bereits während des vorangehenden Monats – dem Monat Elul – wird nach dem Morgen- und Abendgottesdienst der Wochentage das Schofar-Horn kurz geblasen. An Rosch Haschana sind es dann aber hundert Töne, die erklingen. Die eigentliche Bußzeit beginnt am Sonntag vor Rosch Haschana. Noch in der Nacht – so im Staat Israel und in manchen Gemeinden außerhalb des Staates – oder dann in den frühen Morgenstunden versammeln sich die Gemeinden zu den *Selichót*, den ›Bußgebeten‹. Von Rosch Haschana bis zum Versöhnungstag Jom Kippur sind es zehn Tage, die ›Zehn Bußtage‹.

Jom Kippúr (›Tag der Versöhnung‹) fällt auf den zehnten Tischri (3. Mose 23,26–32; 4. Mose 29,7–11). Die Tora fordert: »Ihr sollt eure Seelen quälen«. Die Mündliche Tradition versteht unter dem »Quälen der Seelen« in erster Linie die vollständige Enthaltung von Speise und Trank, das Fasten. Wer die religiöse Reife erreicht – ein Mädchen im Alter von zwölf, ein Knabe im Alter von dreizehn Jahren –, ist zum Fasten verpflichtet, falls nicht medizinische Gründe dagegensprechen. Das Fasten dauert »von Abend bis Abend« (rund 25 Stunden lang, weil der Beginn eine Stunde vor Anbruch der Nacht angesetzt ist). Die Selbstkasteiung ist allerdings nicht Selbstzweck, sondern Mittel zum Zweck: zum Überdenken des Tuns im vergangenen Jahr und zur Umkehr. Nicht zufällig werden während des Morgengottesdienstes als Prophetenabschnitt (*Haftará*) nach der Tora-Vorlesung Kapitel 57,14–21 und 58 des Jesaja-Buches vorgetragen, wo vom echten Fasten die Rede ist, ein Fasten, das in der echten Mitmenschlichkeit gipfelt. Als Haftara beim Mittagsgottesdienst ist das biblische Prophetenbuch Jonas bestimmt, wo desgleichen der Sinn des Jom Kippur anklingt: echte Buße und Mitgefühl mit den Menschen.

Zentrale Gebete an Jom Kippur sind die von der Gemeinde laut gesprochenen Sündenbekenntnisse (*Aschámnu* und *Al Chet*). Der Betende schlägt sich dabei (mit der rechten Hand) aufs Herz, um auf den Ort zu weisen, wo (nach früherer Vorstellung) die Gedanken, die zur Schuld führen, ausgedacht werden. Im früheren Tempeldienst Jerusalems betrat der Hohepriester am Versöhnungstag – als einziges Mal im Jahr – das Allerheiligste, um ein Opfer aus Räucherwerk darzubringen und für sich, seine Familie und das Volk die Schuldvergebung zu erbitten. Mehrmals warf er sich während der Gebete vor Gott nieder.

An Jom Kippur wurde auch ein Bock – symbolhaft mit den Sünden Israels beladen – als ›Sündenbock‹ in die Wüste geschickt (3. Mose 16,8–10). Heutzutage ist nur die Erinnerung an dieses Ritual geblieben. Es wird im speziellen Gebetbuch für Jom Kippur eingehend beschrieben.

Den Ausklang des Fasttages bildet ein einzelner langgezogener Schofarton. Zuvor hat die Gemeinde das jüdische Glaubensbekenntnis »Höre, Israel, der Ewige ist unser Gott, der Ewige ist einzig« (5. Mose 6,4) und den in den Tagen des Propheten Elia ausgerufenen Glaubenssatz »Der Ewige, Er ist unser Gott!« (1. Könige 18,39) mit größter Konzentration gesprochen. Mit einem langgezogenen Tekia-Schofarton geht der Jom Kippur bei Anbruch der Dunkelheit zu Ende.

Die Wallfahrtsfeste

Das Judentum kennt drei Wallfahrtsfeste, also Feste, an der die Pilgerfahrt zum Heiligtum in Jerusalem vorgeschrieben war: Pessach im Frühling, Schawuot im Sommer und Sukkot im Herbst. Die drei Wallfahrtsfeste besitzen eine historische und eine landwirtschaftliche Komponente. Anders als die Hohen Feiertage sind die Wallfahrtsfeste ausgesprochen fröhliche Feste.

Péssach (Passa) – das Wort bedeutet ›Überschreitungsopfer‹ (2. Mose 12,27) – fällt auf den 15. bis 21. (außerhalb Israels: 22.) Nissan. Es erinnert an den Auszug Israels aus der ägyptischen Sklaverei. Während der ganzen Festwoche ist der Genuss von Brot oder mehlgesäuerten Speisen (*Chaméz*) untersagt. Die traditionelle Familie besitzt ein extra Pessach-Geschirr, in welchem nie Mehlspeisen zubereitet worden sind. Der erste und letzte Pessach-Tag (in der Diaspora, außerhalb des Landes, die ersten zwei und die letzten zwei Tage) ist ein eigentlicher Feiertag mit dem strengen Arbeitsverbot. Die Tage dazwischen sind ›Halbfeiertage‹ (*Chol Hamo'éd*, das bedeutet ›Wochentag des Feiertags‹). Nur die notwendigste Arbeit wird getan.

In der Antike wurde alljährlich während der Abenddämmerung des 14. Nissan ein Lamm von den Schafen oder Ziegen geschlachtet und über einer Glut an einem Stück gebraten. Dabei mussten alle Knochen des Tieres unbeschädigt bleiben. Während vieler Jahrhunderte wiederholte das Volk das Geschehen vor dem Auszug aus Ägypten (2. Mose 12). Zusammen mit dem Opferfleisch wurden ungesäuerte Mehlfladen (hebr. *Mazzót*, ›Mazzen‹) und bittere Kräuter gegessen. Die Mazzen sind Zeichen des Sklavenbrots und des beim überstürzten Auszug nicht genügend durchgebackenen Brotteigs (2. Mose 12,39), das Bitterkraut ist Zeichen der ›bitteren‹ Sklavenjahre. Die Kinder beobachteten das außergewöhnliche Geschehen und stellten ihre Fragen. Der Vater antwortete mit der ausführlichen Erzählung über das Auszugsereignis. Wenn das Fleisch gar war – und das sollte es möglichst vor Mitternacht sein –, fand der Festschmaus statt, das Abendmahl.

Wie die übrigen Opfer ist mit dem Untergang des Jerusalemer Tempels auch das Pessach-Lamm verschwunden. Die Samaritaner, welche etliche Bräuche des antiken Judentums übernommen haben (2. Könige 17,27–28), bringen an ihrem Pessach-Fest auf dem ihnen heiligen Berg Garizim bis heute die Pessach-Opfer dar.

Mit dem Ende des Opferdienstes hat Pessach sein Gesicht völlig verändert. Die Familie befindet sich nicht mehr im Freien beim Zubereiten eines Lammes, sondern am gedeckten Tisch. Nach einer genau festgelegten ›Ordnung‹ (hebr. *Séder*) läuft die Feier ab. Auf dem Tisch liegt eine *Séder-Platte* mit verschiedenen Speisen. Die wichtigsten sind ein leicht angebratener

Knochen (Erinnerung an das einstige Pessach-Lamm), *Bitterkraut* und *drei Mazzen* (entsprechend den drei Gesellschaftsklassen im alten Israel: *Kohén* (Priester), *Leví* (Priester eines niedrigeren Rangs), *Jisraél* (Israel, die breite Volksmasse). Dann finden sich *Radieschen* und *Lattich* (einfache Sklavenkost), das *Charóset* (›Lehm‹-Speise, ein bräunlicher Brei aus Früchten, der die Lehmarbeiten der israelitischen Sklaven assoziiert), *Salzwasser* (Symbol der von den Geknechteten vergossenen Tränen) und ein *Ei*. Für das Vorhandensein eines Eis gibt es verschiedene Erklärungen: Es deute auf das sich immer drehende, Glück und Unglück bringende Lebensrad hin, es gemahne an das Festopfer, das in biblischer Zeit vor dem Pessach-Lamm gegessen wurde, oder es sei ein Überbleibsel des römischen Brauchs, an Feiertagen Eier zu genießen und um die Fruchtbarkeit von Mensch und Tier zu bitten. Ein Becher *Wein*, der gefüllt, doch nicht getrunken wird, ist für den Propheten Elia, den Vorboten des Messias (*Maschíach*), des »gesalbten« Friedensfürsten (Maleachi 3,23), bereitgestellt. Elias Ankunft wird gerade an Pessach, dem Fest der Freiheit, alljährlich erhofft. Getrunken werden allerdings vier Becher Wein oder Traubensaft im Verlauf des Abends – Zeichen der Freiheit.

Im Zentrum steht die Lektüre der *Haggadá* (›Erzählung‹), des Leitfadens für den *Seder-Abend*, den Abend, der nach einer bestimmten Ordnung abläuft. Er beginnt mit dem *Kiddúsch*, dem Gebet der ›Heiligung‹ des Festes. Der Familienvater bricht die *Levi-Mazze*, die mittlere der drei Mazzen, entzwei und legt das größere Stück auf die Seite. Er ahmt einen Sklaven oder überhaupt einen bedürftigen Menschen nach, der nie alles isst, was er besitzt, weil er sonst vielleicht am nächsten Tag hungern müsste. Die Kinder verstecken das größere Mazzen-Stück, den sogenannten *Afikoman* (›Nachtisch‹). Vor dem Tischgebet am Schluss der Mahlzeit muss es der Vater suchen, und wenn er es nicht zu finden vermag – und er vermag es nie! –, erhält jedes Kind ein Geschenk. Mit diesem ›Trick‹ werden die Kinder am frühzeitigen Einschlafen gehindert. Sie bleiben wach und nehmen an der Feier teil. Und darauf kommt es an!

Nunmehr heben die Anwesenden die Seder-Platte in die Höhe und sprechen einen Text in aramäischer Sprache, der mit den Worten »Dies ist das Brot des Elends, das unsere Vorfahren im Land Ägypten gegessen haben« beginnt. Mit dem nächsten Satz wird jeder »Hungrige« eingeladen, »zu kommen und zu essen, jeder Bedürftige zu kommen und Pessach mitzufeiern.« Am Seder-Abend soll es keinen Juden geben, der nicht einer Tischgesellschaft angehört. Mehr noch als sonst ist die Gastfreundschaft wichtiges Anliegen. Nach diesem Text kommen die Kinder – ursprünglich war es das jüngste allein – zu ihrem Recht. Sie sprechen oder singen das *Ma Nischtaná* (»Worin unterscheidet sich ...«; gemeint ist: worin unterscheidet sich diese Nacht von allen anderen Nächten?) mit seinen *vier Fragen* zum Seder-Abend: Weshalb essen wir in dieser Nacht nur ungesäuerte Mehlspeisen und keine gesäuerten? – Weshalb vor allem Bitterkraut? – Weshalb werden Speisen zweimal eingetunkt (Radieschen in Salzwasser und Bitterkraut in Charoset)? – Weshalb pflegen wir uns in dieser Nacht anzulehnen? (Weil wir keine Sklaven mehr sind, sondern freie Menschen und es ähnlich wie die Römer halten können, die sich bei der Mahlzeit anlehnten. Genauer: die sich auf ein Sofa zu legen pflegten und die Speisen mit der rechten Hand Schalen entnahmen, die auf einem kleinen Tisch vor ihnen standen.) Ursprünglich waren die Fragen der Kinder spontan und sie lauteten auch etwas anders, nun sind sie in der *Haggadá* nachzulesen. Der Vater gibt die Antwort, indem er die Haggada vorträgt. Er kann aber auch nach Belieben eigene Betrachtungen einfügen. Das macht die Feier nur umso interessanter, vor allem auch, wenn Parallelen zur Gegenwart gezogen werden. Pessach ist das Fest der Freiheit, und die Freiheit ist ein unerschöpfliches Thema.

Die eigentliche Festmahlzeit folgt auf den Hauptteil der Haggada, der mit Psalmen und anderen Lobgesängen schließt. Bis spät in die Nacht hinein mag die Feier dauern, laut dem Motto, das in der Haggada steht: »Je mehr einer vom Auszug aus Ägypten erzählt, desto lobenswerter ist es.«

Während Pessach – und zwar am Sabbat, der in den ›Halbfeiertag‹ (*Chol Hamo'éd*) fällt – liest die Gemeinde das biblische »Lied der Lieder« (Hohelied, hebr. *Schir haschirím*). Es schildert die Liebe zwischen einem Hirten und einer Hirtin und wurde schon in der Antike als Allegorie für die Gott-Israel-Beziehung interpretiert.

Im Altertum kennzeichnete Pessach den Beginn der Gerstenernte. Am ersten Tag des Pessach schnitt der Bauer zum ersten Mal das frische Korn, und er brachte Gott als Ausdruck seiner Dankbarkeit ein Opfer, das *Omer* (Name eines Hohlmaßes; 3. Mose 23,10ff) dar. Von diesem Termin an wurden und werden die ›sieben Wochen‹ (49 Tage) der Omer-Zeit gezählt. Der ›Fünfzigste Tag‹ ist ein Feiertag: *Schawuót*, das Fest der ›Wochen‹.

Ein wichtiger Hinweis: Das dem Judentum entstammende Christentum hat manches aus der Mutterreligion übernommen. Pessach wurde zu Ostern, der Seder-Abend mit seinen Symbolen (Lamm, Mazze, Wein) zum ›Abendmahl‹, zur Eucharistie. Das Abendmahl hat dabei seine zeitliche Fixierung verloren. Es kann genauso gut am Morgen oder Mittag eingenommen werden, und auch nicht nur ein einziges Mal im Jahr. Sieben Wochen liegen zwischen Ostern und dem ›Fünfzigsten Tag‹, der griechisch *Pentecoste* heißt. Davon stammt das deutsche ›Pfingsten‹ und das französische ›Pentecôte‹.

Schawuót, das ›Wochenfest‹, fällt auf den 6. (in der Diaspora: 6. und 7.) Siwan. Es erinnert an die Offenbarung der Zehn Gebote am Sinai, weshalb als Text für die Toralesung 2. Mose 19–20 gewählt wurde. Die Zehn Gebote werden stehend vernommen. Wenn Pessach die körperliche Befreiung kennzeichnet, so Schawuot die geistige. Indem sich der Jude Gott unterwirft und Seine Gebote annimmt, gewinnt er die eigentliche Freiheit, die Freiheit echten Menschseins. Pessach und Schawuot hängen eng zusammen. Ohne Israels Annahme des »Jochs des Himmlischen Königreichs« – so lautet eine Formulierung des Talmud – wäre im Letzten die Lösung der Sklavenfessel an Pessach nur eine halbe Sache gewesen.

In vielen Gemeinden ist es Brauch, das biblische Buch Rut vorzutragen, ehe die Toralesung beginnt. Rut, die Moabiterin, die sich in ihrer Liebe zu ihrer Schwiegermutter Noomi dem Volk und der Religion

Israels zuwendet (Rut 1,16f), gilt als Beispiel der Glaubenstreue und der Anhänglichkeit. Israel, das sich am Sinai in freiwilliger Entscheidung zu Gott bekannt hat, soll sich Rut immer wieder zum Vorbild nehmen.

Die Eingangsnacht von Schawuot ist dem Studium der Tora gewidmet. Gelegentlich dauern die Lernvorträge bis zum Morgengrauen, und sie sind dann gefolgt vom Morgengottesdienst – in Jerusalem bisweilen vom Morgengottesdienst vor der *Kótel*, der Westmauer am Tempelberg.

Schawuot ist auch das Fest der Erstlingsfrüchte. Die ersten – und sie galten als die besten – Früchte des Ackers oder des Fruchthains sollte ein Bauer in alten Zeiten in den Jerusalemer Tempel bringen. Ehe er dem Priester die Opfergabe überreichte, sprach er den Dank für das Land und seinen Ertrag (5. Mose 26,1–11). Eine Reminiszenz ist geblieben: Die Synagoge ist an Schawuot mit Blumen geschmückt.

Die Kirche hat – analog zu Pessach – Schawuot als Pfingsten (fünfzig Tage nach Ostern) aus dem Judentum übernommen und ihm einen neuen Sinn gegeben. Beim christlichen Glaubensmoment des Einströmens Seines Geistes schimmert der jüdische Hintergrund von der Offenbarung Seines Wortes an Israel durch.

Das dritte der drei Wallfahrtsfeste heißt *Sukkót*, Fest der ›Hütten‹, *Laubhüttenfest*. Es dauert vom 15. bis zum 21. (außerhalb Israels: 22.) Tischri, am Anfang des Herbstes. Der erste und letzte Tag der Festwoche sind eigentliche Feiertage mit Arbeitsverbot, die Tage dazwischen – wie bei Pessach – ›Halbfeiertage‹ (*Chol Hamo'éd*). Sukkot erinnert an die Wüstenwanderung der Israeliten, als das Volk in Hütten (Sukkot) lebte und vor der Unbill der Witterung und der Natur geschützt war (3. Mose 23,42f). Während dieser Tage tauscht der fromme Jude seine Wohnung mit einer Hütte, der *Sukká*. Er stellt sie im Freien auf: auf dem Flachdach, im Garten, Hof oder selbst auf der Straße, nur nicht unter einem Dach oder unter einem Baum. Sie muss unter ›dem Himmel‹ stehen. Abgeschnittene Zweige oder auch Strohmatten bilden die Bedachung der ›Laubhütte‹. Gegen Regen wird sie durch ein aufziehbares Dach oder – einfacher – eine Plastikfolie geschützt. Die Wände bestehen aus Holz, aber auch aus Tüchern, die mit Latten gefestigt sind – die Sukka soll einem nicht besonders heftigen Windstoß widerstehen können –, das Innere der Sukka schmücken Girlanden, Bilder, vor allem auch Früchte. Seit geraumer Zeit gibt es (im Staat Israel) die ›Sukka für immer‹. Mit ihren Stangen und ihrem Tuch-Umhang gleicht sie einem Zelt, nur die Bedachung erinnert noch vage an die eigentliche ›Hütte‹.

Wichtig ist an Sukkot der *Feststrauß* mit seinen vier Pflanzenarten: dem Palmzweig (*Luláw*), dem Paradiesapfel (*Etróg*), den Myrthen und Bachweiden (3. Mose 23,40). Der Feststrauß wird täglich während des Morgengebets ›geschüttelt‹, d. h. in die vier Himmelsrichtungen bewegt. Zudem ziehen die Betenden um den *Almemor*, den Tisch, auf den die Tora-Rolle bei der Lesung gelegt wird. Das Gebet, das sie beim Umgehen sprechen, beginnt mit den beiden Worten: »*Hoschána na*« (= Hosianna), das bedeutet: »Hilf bitte!« Jeder Jude besitzt nach Möglichkeit seinen eigenen Feststrauß, den er sich – in Israel – auf einem der speziellen Märkte erwirbt. Sukkot steht am Beginn der Regenzeit im Land Israel. Sie setzt im September/

Oktober ein und geht im April/Mai zu Ende. Im Sommer fällt kein Regen. Eine allfällige Feuchtigkeit schlägt sich als Tau während der Nachtzeit nieder. Die vier Pflanzen bedürfen des Wassers, wenn sie gedeihen sollen, und sie unterstreichen daher sinnfällig die Bitte um ein regenreiches Jahr. Im Tempel waren neben dem großen Altar große Bachweiden aufgestellt, und ein Wasseropfer war darzubringen. Das Wasser wurde aus der Gichon-Quelle im Kidrontal, östlich vom Tempelberg, geschöpft. Die Freude war in Jerusalem sehr groß, vor allem während dieses ›Wasserschöpf-Festes‹.

Den letzten Tag von Sukkot, den 21. Tischri, kennzeichnen sieben Umgänge um den Almemor. Daher nennt man ihn *Hoschána rabbá* (das ›große Hosianna‹).

Sukkot besitzt eine zweite Bedeutung. Die Tora (5. Mose 16,13–17) fordert: »Das Fest der Laubhütten sollst zu begehen, wenn du einsammelst von deiner Tenne und deiner Kelter. Freu dich dann an deinem Fest ...« Sukkot ist ein *Erntedankfest*. Anders als Schawuot, das Fest der ›Erstlingsfrüchte‹, wird es zum Abschluss der Ernte begangen. Daher ist dann auch die Freude über den Erntesegen groß, eine Freude, die »deinen Knecht und deine Magd, den Leviten, den Fremden, die Waise und die Witwe, die in deinen Toren sind« (V. 13), mit einschließt. Bei aller Freude wird allerdings nicht übersehen, dass irdischer Besitz vergänglich ist. Es ist daher höchst sinnvoll, dass an Sukkot – und zwar am Sabbat, der in die Festwoche fällt – das biblische Buch *Kohelet* (Prediger Salomos) vorgetragen wird. Mit seinem Motto »Eitelkeit der Eitelkeiten, alles ist eitel« (Prediger 1,2) setzt es gleich zu Beginn den richtigen Akzent.

Unmittelbar an Sukkot schließen sich *Schminí Azéret*, das »Schlussfest am achten Tag« (3. Mose 23,36), und *Simchát Torá*, die »Freude an der Tora«, an. In Israel fallen Schmini Azeret und Simchat Tora auf einen einzigen Tag: den 22. Tischri. Außerhalb des Landes Israel ist das Schlussfest auf zwei Tage verteilt: Am 22. Tischri ist Schmini Azeret, am 23. ist Simchat Tora.

Die Bibel kennt kein Tora-Freudenfest. Vermutlich hat Schmini Azeret im 3./4. Jh. d. Z. diesen besonderen Anstrich erhalten, nachdem schon zuvor Freudenfeste zu Ehren der Tora – losgelöst von einem bestimmten Kalenderdatum – gefeiert wurden. Die Kombination des Tora-Freudenfestes mit dem Laubhüttenfest ist höchst sinnvoll. Die Freude am Erntesegen soll in der Freude an der Tora gipfeln, dem kostbarsten Besitz Israels.

Bei der Lesung im Gottesdienst an Simchat Tora wird das letzte der Fünf Bücher Mose mit Kapitel 33 und 34 beendet und das erste Buch begonnen. Abschluss und Wiederbeginn stehen nebeneinander. Der Zyklus, der sich über die Sabbate eines vollen Jahres erstreckt, geht faktisch immer weiter. Die Tora kann keiner je wirklich erschöpfend abschließen. Es ist üblich, alle männlichen Gottesdienstteilnehmer (Knaben nach dem 13. Geburtstag, da sie *Bar Mizwá*, ein ›Sohn des Gebotes‹ werden) zur Tora ›aufzurufen‹. Wer die Tora beenden darf – und dies ist eine besondere Ehre –, heißt ›Bräutigam der Tora‹ (*Chatán Torá*), wer sie beginnt, ›Bräutigam des Anfangs‹ (*Chatán B'reschít*). Bereits am Eingangsabend und dann während des Morgengebets vor der eigentlichen Tora-Vorlesung werden alle Rollen aus der Heiligen

Lade genommen und in Umzügen durch die Synagoge getragen. Diese Umzüge sind begleitet von Gesang und Gruppentanz. Im Staat Israel tanzen die Frommen mit den Tora-Rollen auf den Straßen, in Jerusalem begeben sie sich mit ihr gelegentlich zur *Kótel* (Westmauer des Tempelbergs). Die Tora-Rollen befindet sich – wie Braut und Bräutigam am Tag der Hochzeit – unter einem *Baldachin* (zumeist unter einem *Tallit*, einem ›Gebetsmantel‹). Die kleinen Kinder werden an Simchat Tora mit Süßigkeiten beschenkt.

Freuden- und Trauertage

Der jüdische Kalender kennt neben den biblischen Festen eine Reihe von besonderen Tagen, von fröhlichen und traurigen.

Zu den *Tagen der Freude* zählen *Chanukká, Purím, Lag Baómer* und *Tu Bischwát*, seit der Gründung des Staates Israel auch *Jom Haazmaút*.

Zu den *Tagen der Trauer* gehören *Tischá Beáw* und die übrigen Fasttage.

Chanukká ist das ›Tempelweihe-Fest‹, auch ›Lichterfest‹ genannt. Es dauert vom 25. Kislew bis zum 2. Tewet. Während der acht Abende von Chanukka werden in der Synagoge und in jeder Familie Öllichter oder Kerzen am achtarmigen Leuchter, der *Chanukkiá*, entzündet, wobei die Lichterzahl jeden Abend um ein Licht zunimmt. Entzündet werden die Lichter mit einer neunten Kerze, dem ›Diener‹. Der volle Schein ist am letzten Abend erreicht.

Im Jahre 165 v. d. Z. bricht in Modeïn (unweit vom heutigen internationalen Flughafen bei Lod) ein Aufstand gegen die griechisch-seleukidische Herrschaft aus. König Antiochus IV. Epiphanes versuchte, die jüdischen Untertanen zur Verehrung der Olympischen Götter und zum Verzicht auf die Ausübung der jüdischen Religionsgesetze zu zwingen. Im Jerusalemer Tempel wurden zu Ehren des Zeus Schweine geopfert. Es gibt eine Reihe von Märtyrern, die sich eher töten ließen als die Glaubensgebote zu übertreten. Der greise Hohepriester Matitjahu (Mattathias) erteilt das Signal zur Revolte. Er tötet einen jüdischen Mitläufer, der in Modeïn zur Opfergabe an Zeus bereit ist, und verjagt die griechischen Aufseher. Mit seinen fünf Söhnen flüchtet er in die judäischen Höhenzüge, wo sich ihm viele Gefolgsleute anschließen. Nach kleineren Überfällen auf griechische Armeeeinheiten gelingt den Widerstandskämpfern – sie nennen sich Makkabäer, nach Juda Makkabi, dem ältesten Sohn Matitjahus, der nach dessen Tod die Führung der Freischärler übernimmt – die Eroberung des Tempelareals in Jerusalem. Sie säubern das Heiligtum von den Spuren der Götterverehrung und feiern ein achttägiges Weihefest: Chanukka. In seinem Zentrum stehen Opfer auf dem wiedererbauten Altar und das abendliche Entzünden des siebenarmigen Tempelleuchters mit reinstem Olivenöl.

Die Volkstradition[9] weiß von einem Wunder, dem ›Chanukkawunder‹, zu berichten. Die Makkabäer finden nur einen einzigen Krug, der verwendet werden darf, weil er das Siegel des Hohenpriesters besitzt. Doch sein Ölinhalt reicht lediglich für eine einzige Nacht aus. Am nächsten Abend wollen die

Die Menora (siebenarmiger Leuchter), eines der wichtigsten Symbole des Judentums.

Die Westmauer (»Klagemauer«) in Jerusalem.

Der Innenraum einer Synagoge.

Ein Bar Mizwa mit dem Zeiger in der Hand liest aus einer geöffneten Torarolle vor.

Bar Mizwa mit Tallit (Gebetsmantel), Zizit (Schaufäden), Kippa sowie Tefillin (Gebetsriemen) an Arm und Kopf.

Mesusa an einem Türpfosten.

Chanukka-Leuchter.

Sedermahl beim Passafest. Die Pessach-Haggada gibt den Ablauf der Feier vor.

Makkabäer die Lichter des Tempelleuchters erneut entzünden, und siehe da, der Ölkrug ist wiederum voll. Er bleibt voll, bis schließlich – am neunten Tag – neugepresstes Olivenöl zur Verfügung steht. Dieses Wunder gilt es für immer zu verkünden. Der Chanukkaleuchter wird daher an ein Fenster oder in einen Glasbehälter neben die Haustüre gestellt. Jeder, der vorbeigeht, kann ihn sehen und sich an die Kunde von Chanukka erinnern.

Von den Ereignissen vor und nach Chanukka berichten das erste und zweite der vier apokryphen Makkabäerbücher.

Von *Purim* (14. Adar; in Jerusalem und anderen alten, von einer Mauer umgebenen Städten am 15. Adar) erzählt das biblische Ester-Buch, das im Abend- und Morgengottesdienst aus einer handbeschrifteten Pergamentrolle vorgesungen wird. Haman, Wesir des persisch-medischen Großkönigs Achaschwerosch (vermutlich Xerxes I.), will aus verletztem Stolz heraus alle Juden umbringen: Mordechai, Onkel der Königin Ester, war nicht bereit, sich vor ihm zu verbeugen und ihm die entsprechende Ehre zu erweisen. Haman weiß, dass Mordechai dem jüdischen Volk angehört, er weiß aber nicht, dass auch Ester eine Jüdin ist. Durch eine klug eingefädelte Hofintrige wird der Judenfeind schließlich gestürzt und auf königlichen Befehl hin durch den Strang hingerichtet. Mordechai übernimmt den freigewordenen Staatsposten. Am Tag, da die Juden hätten umgebracht werden sollen, setzen sie sich zur Wehr und besiegen ihre Feinde. Dieser Tag heißt Purim (›Lose‹), weil Haman Lose geworfen hatte, um den günstigsten Zeitpunkt für die geplante Judenvernichtung herauszufinden, und es ist ein Tag der Freude, an welchem »einer dem anderen Gaben sendet und Geschenke an die Bedürftigen« (Ester 9,22).

Lag Baómer (›33 im Omer‹) ist der 33. Tag der Omerzeit (s.o.) zwischen Pessach und Schawuot. Lag Baomer fällt auf den 18. Ijar. Sein Sinn wird durch zwei verschiedene Deutungen erklärt:

An einem Lag Baomer um die Mitte des 2. Jh. d. Z. ist – so erzählt die Volksüberlieferung – Rabbi Schimon Bar Jochai gestorben, ein Mann von großem Wissen, der den *Sóhar* (›Glanz‹), das Grundwerk der jüdischen Mystik, verfasst haben soll. Die Geschichtsforschung widerspricht zwar dieser Annahme, doch bis heute besitzt der Rabbi – vor allem in Kreisen orientalischer und chassidischer Juden – eine hohe Verehrung. Am Vorabend des Lag Baomer begeben sich viele Zehntausende von ihnen zum Grab des Rabbi Schimon ins galiläische Bergdorf Meron. Sie zünden am Grab Gedenkkerzen an und verbringen die Nacht mit Gesängen und Gebeten. Landesweit entfachen die Kinder Israels in den Abendstunden Freudenfeuer.

Eine zweite Deutung bezieht sich auf Rabbi Akiba, einen Zeitgenossen des Rabbi Schimon Bar Jochai. Bis zum 40. Lebensjahr ein ungebildeter Hirte, beginnt er nach der Hochzeit mit Rahel, der Tochter des reichen Kalba Sabua aus Jerusalem, das Judentum kennenzulernen. Nach wenigen Jahren wird er Rabbi (›Meister‹ der Schriftdeutung) und schart viele Schüler um sich. Diese Schüler kämpfen in den Reihen des Ben Koseba gegen die Römer (132–135 d. Z.). Ben Koseba, den Rabbi Akiba zusammen mit einem großen Teil des Volkes als Messias verehrt und daher mit dem Ehrentitel *Bar Kochbá* (›Sternensohn‹, nach 4. Mose 24,17) bezeichnet, kommt in einer Schlacht bei Betar unweit von Jerusalem ums Leben. Auch viele seiner Getreuen fallen, unter anderem Rabbi Akibas Schüler. Der Rabbi wird von den Römern zunächst nicht behelligt, doch als Kaiser Hadrian das öffentliche Lehren der Tora unter Androhnung der Todesstrafe verbietet und sich Rabbi Akiba nicht an das Verbot hält, wird er verhaftet und durch den Feuertod hingerichtet. Er stirbt als Märtyrer, als ›Glaubenszeuge‹. Die Überlieferung weiß, dass die Schüler des Weisen in die Rebellion verwickelt waren, sie verschleiert aber diese Tatsache und stellt fest, viele seiner Schüler seien durch eine Seuche dahingerafft worden. Weil am Lag Baomer diese Seuche zu Ende ging, wird der Tag als Freudentag begangen.

Tu Bischwat, der ›15. Schwat‹ – einer der ›vier Jahresanfänge‹[10] – ist das ›Fest der Bäume‹, der Frühlingsbeginn, an dem die Kinder in Israel kleine Baumsetzlinge pflanzen. Der Mandelbaum steht bereits in voller Blüte und zeigt an, dass sich die Natur zu regen beginnt. Am 15. Schwat ist es üblich, fünfzehn verschiedene Früchte zu essen, mit Vorliebe Früchte, durch die das Land Israel ausgezeichnet ist.

Jom Haazmaút ist der israelische ›Tag der Unabhängigkeit‹. Er fällt auf den 5. Ijjar. Am 5. Ijjar des jüdisches Jahres 5708, das war der 14. Mai 1948, ist der Staat Israel durch David Ben-Gurion in Tel Aviv proklamiert worden. An diesem Tag ging das Britische

Mandat zu Ende. Am Jom Haazmaút sind alle Geschäfte und Schulen geschlossen, in den Synagogen werden Sondergebete gesprochen.

Der wichtigste Trauertag ist *Tischá Beáw* (der ›9. Aw‹), im Gedenken an die Zerstörung der Tempel von Jerusalem. Der erste, von Salomo erbaute Tempel ging 586 v. d. Z., am Ende der Belagerung Jerusalems durch den Babylonier Nebukadnezar, in Flammen auf. Der zweite Tempel wurde 70 d. Z. durch die Soldaten des römischen Feldherrn Titus zerstört. An Tischa Beaw wird – wie an Jom Kippur – von Abend zu Abend gefastet. Besondere Klagegesänge (*Kinót*), die zum Teil wegen der Judenverfolgungen zur Zeit der Kreuzzüge und der Vernichtung der jüdischen Rhein-Gemeinden von Speyer, Worms und Mainz verfasst wurden, bilden den Kern der Gottesdienste. Wenn die Klagegesänge gesprochen werden, sitzen die Betenden – wie Menschen, die um einen nahen Verwandten trauern – auf niedrigen Stühlen oder auf dem Boden. Besonders eindrücklich sind an Tischa Beaw die Gottesdienste vor der *Kótel* in Jerusalem, in der Nähe des einstigen Schauplatzes der Katastrophe.

Im Zusammenhang mit der Belagerung Jerusalems und seiner Zerstörung in babylonischer und römischer Zeit stehen andere Fasttage: das ›Fasten für Gedalja‹ (*Zom Gedaljáhu*). Gedalja war der von Nebukadnezar nach dem Sieg über die Juden eingesetzte Statthalter. Er wurde, wie die Bibel mitteilt (2. Könige 25,25; Jeremia 41,2), ermordet. Der Fasttag fällt auf den 3. Tischri, also auf den Tag nach Rosch Haschana. Ferner der ›Zehnte Tewet‹ (*Assará b'Tewét*), an welchem die Belagerung Jerusalems durch Titus begann, der ›Siebzehnte Tamus‹ (*Schiw'á Asár b'Tamús*), da die Römer eine Bresche in die Stadtmauer Jerusalems schlugen.

Einen Tag vor Purim wird das ›Fasten Esters‹ (*Taanít Esthér*) angesetzt (am 13. Adar). Es erinnert an die drei Tage des Fastens und Betens, welche die Königin – im Rahmen der Hofintrige gegen Haman – verordnete, ehe sie zu Aschaschwerosch ging (Ester 4,16).

Im Unterschied zu den biblischen Feiertagen besteht an den Freuden- und Trauertagen kein Arbeitsverbot.

Der Sabbat

Der Sabbat – hebr. *Schabbát* – ist der ›Ruhetag‹, der siebte Tag der Woche nach den sechs Arbeitstagen. Er ist der einzige Tag mit einer Namensbezeichnung. Die übrigen Tage heißen ›erster Tag‹ (für Sonntag), ›zweiter Tag‹ (für Montag), und so fort. Weil sie auf den Sabbat hinweisen, bedürfen sie keines eigenen Namens. Sie sind nicht mehr als Vorboten des kommenden Ruhetags. Wenn der Sabbat kommt, ist die Woche zu Ende, ist der Gipfel erreicht. Das Sabbatgebot wird auf zweifache Weise begründet:

1. Mit dem Gottes-Sabbat am Ende des Weltschöpfungsprozesses: Gott schuf die Welt in »sechs Tagen«, in sechs Perioden, und »ruhte am siebten Tag«. Daraufhin »segnete Gott den siebten Tag und heiligte ihn«, heißt es in 1. Mose 2,2f. Oder im Dekalog [»Zehnwort« = Zehn Gebote] von 2. Mose 20,11: »Denn sechs Tage lang erschuf der Herr den Himmel und die Erde, das Meer und alles, was in ihnen ist, und Er ruhte am siebten Tag; deshalb segnete der Herr den Sabbat-Tag und heiligte ihn.«

Wer daher sechs Tage arbeitet und am siebten Tag die Arbeit einstellt, ahmt Gottes Wirken nach. Wie durch seine Arbeit, so bekennt er durch den Verzicht auf die Arbeit am ›siebten Tag‹, dass die Welt geschaffen worden ist – geschaffen durch den göttlichen Schöpfer. Arbeit und Ruhe werden zur ›Nachahmung Gottes‹.

2. Mit dem Hinweis auf die Sklavenzeit in Ägypten: »Denk daran, dass du ein Sklave gewesen bist im Land Ägypten, und dich der Herr, dein Gott, von dort befreit

hat, mit starker Hand und ausgestrecktem Arm. Deshalb befiehlt dir der Herr, dein Gott, den Sabbat-Tag einzuhalten« (5. Mose 5,15).

Gott ist der Weltenschöpfer, und Er ist zugleich der Weltenlenker. Seine Macht und sein Wirken entfalten sich im kosmischen wie im geschichtlichen Bereich – als Schöpfer und als Retter. Wer den Sabbat beachtet, bezeugt beides, und jede Woche aufs Neue.

Die Arbeit ist Teil des Bekenntnisses. Wer nicht arbeitet, kann auch nicht wirklich ruhen. In den Zehn Geboten (2. Mose 20,9; 5. Mose 5,13) steht der Auftrag: »Sechs Tage sollst (wirst) du arbeiten«. Die Arbeit ist kein Fluch, sondern ein Segen, auch wenn manch einer im Schweiß seines Angesichts sein Brot verdienen muss (1. Mose 3,19). Arbeit bedeutet im Zusammenhang mit dem Sabbat ›kreative Arbeit‹ (*m'lachá*), Arbeit, die etwas Neues schafft – analog zur Gottesarbeit während der ›Schöpfungswoche‹ – oder Bestehendes umformt. Die Bibel nennt ein paar Beispiele: Neben dem Entzünden von Feuer (2. Mose 35,3), dem eigentlichen Prototyp schöpferischer Tätigkeit, die Feldarbeit (2. Mose 34,21), das Tragen von Lasten (Jeremia 17,21f), den Handel und Wandel (Amos 8,5). Im Rahmen der Anweisungen zum Bau eines tragbaren Wüstenheiligtums (2. Mose 25,1–31,11) fordert die Tora das »Hüten des Sabbats« (31,12–17). Nach Ansicht der Weisen wird dadurch der Begriff der Arbeit definierbar: Jede Tätigkeit ist am Sabbat untersagt, die beim Bau jenes Heiligtums ausgeübt werden musste. Insgesamt sind es 39 Hauptarbeiten mit ihren Untergruppen. Wesentlich ist dabei, dass das Arbeitsverbot im Fall einer Lebensbedrohung aufhört. Das Prinzip lautet: »Lebensgefahr verdrängt den Sabbat«[11] (= die Sabbatverbote), denn die Lebenserhaltung ist wichtiger. Es ist dabei nicht nur erlaubt, es ist die höchste Pflicht auch des orthodoxesten Juden, den Sabbat zu entweihen, wenn er ein Menschenleben retten kann. Im Talmud[12] heißt es: »R. Simon ben Gamliel sagte: Man entweihe den Sabbat wegen eines einen Tag alten lebenden Kindes, man entweihe den Sabbat aber nicht wegen des toten David, des Königs von Israel. Man entweihe den Sabbat wegen eines einen Tag alten lebenden Kindes, denn die Tora sagt, dass man seinetwegen den einen Sabbat entweihe, damit es viele Sabbate einhalte.«

Im Staat Israel ist der Sabbat (in von Juden bewohnten Ortschaften) der staatliche Ruhetag. Die Geschäfte und Schulen sind geschlossen. Es ist aber klar, dass die lebensrettenden Dienste auch am Sabbat weitergehen. Daher sind Polizisten, Feuerwehrleute, Soldaten, Ärzte und Krankenschwestern auch am Sabbat im Einsatz – im Einklang mit dem jüdischen Religionsgesetz.

Der Sabbat gilt für jeden Juden und für jeden Nichtjuden, sofern er im Dienstverhältnis eines Juden steht: »Der siebte Tag aber ist ein Ruhetag dem Herrn, deinem Gott. Da sollst du keinerlei Arbeit verrichten, weder du noch dein Sohn oder deine Tochter, dein Knecht und deine Magd und dein Vieh und dein Fremder, der in deinen Toren ist« (2. Mose 20,10). Weil der Sabbat immer ein »Ruhetag dem Herrn, deinem Gott« ist, dem Gott aller Geschöpfe, muss der Arbeitgeber ihn auch allen gewähren, die von ihm abhängig sind: seinen Bediensteten und seinem Vieh nicht minder, aber selbst dem Fremden, der in seinen Toren weilt. Dieser Fremde – er heißt *ger*, und dieses Substantiv kommt vom Verb *gur*, ›wohnen‹ – ist nicht der vorbeiziehende Fremde, etwa der Tourist, der kommt und geht. Er ist vielmehr der Mitbewohner, vielleicht auch der Asylant, in jedem Fall der Schutzbedürftige, der allzu leicht missbraucht werden könnte. Um der Schwachen willen ist der Sabbat da. Das wird unmissverständlich in 5. Mose 5,14 – bei der Wiederholung des Dekalogs – ausgesprochen: »(Da sollst du keinerlei Arbeit verrichten ...), damit ruhen werden dein Knecht und deine Magd wie du.«

Wo Gott als Weltenschöpfer und als Weltenlenker verehrt wird, gewinnt ein jedes Geschöpf seinen Stellenwert. Der Sabbat erweist sich gleichsam als die erste ›Magna charta‹ der Menschheit.

Und wie sieht die Praxis aus? Der Sabbat beginnt am Freitagabend, rund eine Stunde vor Anbruch der Dunkelheit. Kein Jude soll bis zum letzten Augenblick arbeiten, sondern den Beginn des Ruhetags vorverlegen, sozusagen in einen Schutzraum hinein. Der ›Zaun‹, der vor den Sabbat geschoben wird, schützt ihn. Weil die Arbeit am Sabbat untersagt ist und daher etwa das Feuerentzünden, kocht die Hausfrau alle Speisen schon am Freitag. Was warm bleiben soll, wird auf eine elektrische Wärmeplatte gestellt. Am Sabbat selbst darf es nicht erhitzt werden. Gesetzestreue Juden rauchen nicht (Kettenraucher werden am Sabbat ›entkettet‹) und drehen auch keinen elektrischen Schalter oder eine Lampe an, weil das vom Strom erzeugte Licht mit einer Feuerproduktion verglichen wird. Das Licht, das in der Wohnung brennt, kann allenfalls mit Hilfe einer Schaltuhr – sie ist kein Lebewesen und daher nicht zur Sabbatruhe verpflichtet – ausgelöscht werden. Am Sabbat benützen gesetzestreue Juden auch kein Motorfahrzeug und sie fliegen nicht. Die Reise auf einem Meeresdampfer, die vor Sabbat begonnen hat, können sie natürlich nicht unterbrechen.

Die Hausfrau und Mutter lässt den Sabbat – die ›Königin Sabbat‹ oder die ›Prinzessin Sabbat‹, wie ihn Heinrich Heine in seinem Gedicht »Prinzessin Sabbat« preist – durch das Entzünden der Sabbatkerzen in die Familie eintreten. Wenn die Kerzen brennen – es sind mindestens zwei –, spricht sie einen Segensspruch, und dann ist für sie die Arbeit der Woche zu Ende. Zugleich bringt sie mit dem Lichterentzünden die Feierlichkeit des Sabbats in ihre Familie.

Nach dem Gottesdienst in der Synagoge und vor Beginn des Abendessens – zu welchem oft auch Freunde und fremde Gäste eingeladen sind – segnen die Eltern ihre Kinder mit dem levitischen Priestersegen (4. Mose 6,24–26), und sie legen ihnen dabei die Hände auf den Kopf. Es erklingt das Lied *Schalóm alechém*, »Friede sei euch, ihr Engel des Dienstes«, und darauf das letzte Kapitel aus den biblischen Sprüchen Salomos (Kapitel 31): »Wer hat eine treffliche Frau gefunden?«. Der Gatte singt es seiner Gattin vor – jeden Sabbat ein erneuter Ausdruck seiner Liebe und Verehrung. Dann spricht der Familienvater den *Kiddusch*, das Gebet der ›Heiligung‹ des Sabbats, über Wein oder Traubensaft und zwei Brote, die *Chalót* (auch *Bérches* oder *Bárches* genannt, von hebr. *mewaréch*, ›segnen‹, ›einen Segen sprechen‹). Jeder Anwesende erhält ein Stückchen der Chalot, das mit Salz, Zeichen des Opfers (s. o.), bestreut worden ist. Während der Mahlzeit werden die Sabbatgesänge (*semirót*) gesungen, zu ihrem Abschluss das Tischgebet mit seinen schönen Melodien.

Die Familie findet am Freitagabend zueinander, jeder hat Zeit für den anderen. Man könnte von einer regelmäßigen ›Familientherapie‹ sprechen, die jede Woche wiederkehrt.

Im Zentrum des Morgengottesdienstes steht die Tora-Vorlesung. Der Wochenabschnitt beginnt dort, wo der Wochenabschnitt am Sabbat zuvor aufgehört hat. Der Zyklus streckt sich über ein Jahr und findet an Simchat Tora sein Ende und seinen Anfang (s. o.). Sieben männliche Personen werden ›aufgerufen‹. Sie treten dabei vor Beginn eines Abschnitts zur Tora hin und sprechen vor und nach der Lesung einen Segensspruch. Die achte Person übernimmt im Anschluss an die Tora-Lesung die *Haftará*, einen Abschnitt aus den Propheten. Manche Gemeinden besitzen eine Pergamentrolle, auf der jede Haftara des Kalenderjahres aufgeschrieben ist. In der Regel wird die Haftara jedoch aus dem Buch vorgesungen. Die Melodien für die Tora-Vorlesung und die Haftara sind verschieden, und sie variieren bei den verschiedenen jüdischen Gemeinschaften des Orients und Okzidents.

Bei Anbruch der Nacht ist der Sabbat vorbei. In der Synagoge und im Familienkreis wird die Zeremonie der *Hawdalá*, der ›Trennung‹ des Sabbats von den beginnenden Arbeitstagen, vorgenommen. Es brennt dabei eine Kerze mit mehreren Dochten, die eine Flamme erzeugen. Das große Feuer zeigt an, dass nunmehr das Verbot, Feuer zu entfachen und zu benützen, nicht mehr gilt. Zugleich weist die Flamme auf das Licht hin, das Gott am ersten Tag der Schöpfung geschaffen hat. Während der Hawdala riechen die

Anwesenden an einer Gewürzdose, um mit einem ›angenehmen Geruch‹ in die neue Woche einzutreten. Über einem Glas Wein oder Saft wird der Segen gesprochen.

»Mehr als die Israeliten den Sabbat beschützt haben, hat der Sabbat die Israeliten beschützt«, schrieb der jüdische Schriftsteller und Politiker Ascher Ginzberg (*Achád Haám*; 1856–1927). In der Tat, weil der Sabbat nicht nur einmal im Jahr, sondern jede Woche gefeiert wird, ist seine Wirkung entsprechend groß.

Von der Wiege bis zum Grabe

Als Jude wird man geboren, insofern die Mutter eine Jüdin ist. Eine Taufe wird nicht vollzogen. Die Religionszugehörigkeit des Vaters fällt bei der Bestimmung der Religion des Kindes nicht ins Gewicht. Wer nicht als Jude zur Welt gekommen ist, kann vor einem Rabbinatsgericht konvertieren. Er muss sich zuvor intensiv mit dem jüdischen Glauben beschäftigt und sich ihm auch gefühlsmäßig angeschlossen haben. Ein männlicher Kandidat hat sich vor dem Glaubensübertritt auch der Beschneidung – sie wird im Spital vorgenommen, sofern es sich nicht um einen Säugling handelt – zu unterziehen. Die Aufnahmeprozedur findet ihren Abschluss mit der *Tewilá* (›Taufe‹), dem Untertauchen des Kandidaten oder der Kandidatin im rituellen Tauchbad (*Mikwé*), das teilweise mit Regenwasser gefüllt ist.

Der Übergetretene (Proselyt) gilt in jeder Hinsicht als Jude, und zwar als Volljude. Halb- oder gar Viertelsjuden gibt es nach jüdischer Auffassung nicht. Die Zugehörigkeit zum jüdischen Glauben impliziert die Zugehörigkeit zur Volksgemeinschaft.

Die *Beschneidung* (hebr. *milá* oder *Brit Milá*; ›Bund der Beschneidung‹) findet am achten Tag nach der Geburt statt, selbst wenn er auf einen Sabbat oder Feiertag fällt. Nur ein medizinischer Grund kann die Verschiebung bewirken. Jeder Jude kann sich als Beschneider (*mohél*) ausbilden lassen.

Im Alter von zwölf Jahren wird ein jüdisches Mädchen *Bat Mizwá*, ›Tochter des Gebotes‹. Es gilt in religiöser Hinsicht als volljährig und ist verpflichtet, die Gebote einer jüdischen Frau wahrzunehmen. Weil die körperliche Entwicklung beim Knaben langsamer ist, wird er erst mit dem dreizehnten Geburtstag *Bar Mizwá*, ›Sohn des Gebotes‹. Am Sabbat nach diesem Geburtstag – gegebenenfalls auch an einem Montag- oder Donnerstagmorgen, an denen kurz aus der Tora vorgelesen wird – tritt er zum ersten Mal zur Schriftrolle hin, spricht den Segen und singt den Tora-Text vor der Gemeinde. In der Familie findet dann eine Feier statt. In Jerusalem pflegen viele Knaben ihre Bar Mizwa vor der *Kótel*, der Westmauer des Tempelbergs, zu begehen. Mädchen tragen in traditionellen Gemeinden – anders als in konservativen oder Reformsynagogen – keinen Text aus der Tora vor, doch auch ihre Bat Mizwá besitzt mehr und mehr einen großen Stellenwert.

Von der Bar Mizwa an ist der jüdische Knabe verpflichtet, während des Morgengottesdienstes an Wochentagen seine *Tefillín* (Phylakterien), die ledernen ›Gebetsriemen‹, und den *Tallít* (›Gebetsmantel‹) zu tragen. Am Sabbat und den Feiertagen wird nur der Tallit benützt. Die Tefillin bestehen aus zwei Teilen: aus den Gebetsriemen für den Kopf und den Gebetsriemen für den (linken) Arm. An den Riemen ist eine Kapsel befestigt, die verschiedene Tora-Texte, unter anderem das Glaubensbekenntnis *Sch'ma Jisraél* (›Höre, Israel‹) aus 5. Mose 6,4–9 enthält. Mit seinem Denken (Kopf), seinem Fühlen (linker Arm beim Herzen) und seinem Tun (Arm) will der Jude Gott dienen.

Der Tallit – eine viereckige und ursprünglich togaähnliche Gewandung – besitzt an jeder Ecke acht weiße Wollfäden, die sogenannten Schaufäden (hebr.

zizít). Diese Fäden – einer von ihnen wurde im Altertum mit purpurblauem Farbstoff, dem Sekret der Purpurschnecke, gefärbt – sollen den Juden an seine religiösen Pflichten erinnern (4. Mose 15,37–41).

Neben Tefillin und Tallit gibt es ein drittes, sehr wichtiges Symbol: die *Mesusá* (›Türpfosten‹), die kleine Kapsel an den Türpfosten jüdischer Wohnungen. In die Kapsel ist ein kleines, von Hand durch einen Tora-Schreiber beschriftetes Pergamentstück eingelegt. Es enthält wiederum das Glaubensbekenntnis (5. Mose 6,4–9), dann aber auch den Abschnitt 5. Mose 11,13–21. Nur an Toilette und Badezimmer fehlt die Mesusa, hingegen wird sie an der Eingangstüre und auch an Stadttoren befestigt (5. Mose 6,8).

Die *Ehe* ist im Judentum zwar eine ›Heiligung‹, doch kein eigentliches Sakrament. Sie kann daher wieder geschieden werden. In westlichen Ländern mit ihrer Trennung von Staat und Religion muss zuerst die Zivilehe geschlossen werden, ehe die religiöse Trauung durchgeführt werden darf. Diese Trauung findet in der Synagoge, oftmals aber auch unter freiem Himmel statt. Das Brautpaar steht unter einem Baldachin (hebr. *Chuppá*), der Rabbiner singt die Segenssprüche, der Bräutigam übergibt seiner Braut einen Ring – es werden keine Ringe getauscht – und sagt dabei den traditionellen Vers: »Du seist mir geheiligt mit diesem Ring nach dem Gesetz von Mose und Israel.« Zwei Zeugen, die mit dem Paar nicht verwandt sein dürfen, sind bei der Ringübergabe anwesend. Daraufhin liest der Rabbiner die *Ketubá*, den Ehevertrag, vor, der von den beiden Zeugen unterschrieben worden ist. Der Bräutigam hat sich vor der Unterzeichnung verpflichtet, alle Bedingungen des Ehevertrags zu erfüllen und im Fall einer Scheidung seiner Frau die vorgesehene Abfindungssumme auszuhändigen. Die Institution der Ketuba geht in die Antike zurück und bietet der Gattin einen optimalen Schutz. In der Regel hält der Rabbiner während der Hochzeit eine Rede, doch wesentlich ist die Ringübergabe vor zwei Zeugen. Zum Abschluss der Trauung tritt der Bräutigam auf ein Glas und zerbricht es: Zeichen der Trauer um die Zerstörung des Jerusalemer Tempels und Hinweis auf die Zerbrechlichkeit ehelichen Glücks.

Im Staat Israel fehlt die Zivilehe. Der Rabbiner besitzt den Status eines Staatsbeamten, und er muss für die Eintragung des neuen Ehebunds ins Zivilstandsregister sorgen. Bei Christen besitzt der Pfarrer, bei Moslems der Kadi diese Aufgabe. Eine Mischehe, d. h. eine Ehe zwischen einem Juden und einem Angehörigen einer anderen Konfession, darf ein Rabbiner nicht schließen. Zivilehen aus dem Ausland werden in Israel jedoch anerkannt, selbst wenn es sich um Mischehen handelt. Nur gewinnt damit der nichtjüdische Partner nicht die jüdische Religionszugehörigkeit.

Bei einer religiösen Scheidung, die vor einem Rabbinatsgericht erfolgt, lässt der Gatte einen Scheidebrief (*Get*) schreiben. Sobald der Scheidebrief von der Gattin freiwillig akzeptiert ist, gilt die Ehe als aufgelöst. Eine neue Verehelichung ist möglich, sofern die Gattin in der Zwischenzeit nicht mit einem anderen Mann verheiratet gewesen ist.

Eine Ehefrau beachtet die Reinheitsgesetze der Religion. Nach ihrem Monatszyklus begibt sie sich in die *Mikwé*, das Tauchbad, und darf dann ihre ehelichen Beziehungen wieder aufnehmen.

Wenn ein Mensch dem *Sterben* nahe ist, treten Mitglieder der *Chewrá Kadischá*, der ›heiligen Gemeinschaft‹, an sein Bett – Männer zu einem männlichen, Frauen zu einem weiblichen Patienten – und halten bei ihm rund um die Uhr Wache. Kurz vor seinem Tod sprechen sie das Glaubensbekenntnis »Höre, Israel (*Sch'ma Jisraél*), der Ewige ist unser Gott, der Ewige ist einzig (*echád*)«, wobei sie es so einrichten, dass das Wort ›einzig‹ dann gesprochen wird, wenn der Sterbende seinen letzten Atemzug tut. Die Chewra Kadischa kümmert sich um das Einkleiden des oder der Verstorbenen in das weiße, linnene Totengewand (*Sargenes*) und um die Beerdigung. Das Totengewand ist für alle gleich. Die sozialen Unterschiede fallen nach dem Tod dahin. Entsprechend darf der einfache Sarg nicht mit Silber beschlagen sein. Schmuck wird im Übrigen dem Toten nicht ins Grab gegeben. Im Staat Israel werden die Verstorbenen nur im Sargenes, d. h. ohne Sarg, beerdigt – ein Mann ist zudem in den Tallit, den Gebetsmantel gehüllt. Im Grab selber wird durch Steinplatten ein Gewölbe um den Toten gebildet, der auf dem Erdboden liegt: »denn Staub bist du und zum Staub sollst du zurückkehren« (1. Mose 3,19).

Eine Kremation kennt das Judentum nicht, nur die Erdbestattung wird toleriert. Nach alter Auffassung »erwirbt der Tote sein Grab«, eine Exhumierung ist nicht erlaubt. (Eine Ausnahme bilden die posthume Untersuchung der Leiche nach einem vermutlichen Mord oder der Wunsch einer nachträglichen Bestattung im Land Israel.)

Nach der Beerdigung beginnt für die Hinterbliebenen die siebentägige Trauerwoche (*Schiw'á*). Sie wird begonnen mit dem Essen eines Hühnereis, das zuvor mit Asche (Zeichen der Trauer) bestreut worden ist. Morgens und abends findet im Trauerhaus ein Gottesdienst statt. Die Trauernden sprechen das *Kaddísch*, Gebet der ›Heiligung‹ Gottes. Es hat nichts mit dem Tod zu tun und wird auch sonst während des Gemeindegottesdienstes vom Vorbeter vorgetragen. Dass die Trauernden es sprechen sollen – und zwar für die Eltern ein volles Jahr –, hat einen tiefen Sinn. Gerade in der Zeit ihrer seelischen Not preisen sie Gott und bekennen sich zu Ihm. Sie rebellieren nicht, sondern akzeptieren das Unabänderliche.

Während der Trauerwoche sitzen die Trauernden auf niedrigen Stühlen oder (wie der biblische Hiob) auf der Erde. Entferntere Angehörige und Freunde bringen ihnen Speise und Trank. Trauerbesuche sind erwünscht, weil die Trauernden spüren sollen, dass sie nicht allein stehen. Am Sabbat nehmen die Trauernden am Synagogen-Gottesdienst teil. Im Trauerhaus brennt eine kleine Lampe, das ›Seelenlicht‹, zur Erinnerung an den verstorbenen Menschen. Am dreißigsten Tag (*Schloschím*) wird im Staat Israel der Grabstein eingeweiht, in anderen Ländern in der Regel erst nach einem Jahr.

Wenn der Todestag sich jährt, ist ›Jahrzeit‹. Wie im Trauerjahr sprechen die Angehörigen das Kaddisch während des Gemeindegottesdienstes. Vierundzwanzig Stunden lang – von Abend zu Abend – brennt das kleine ›Seelenlicht‹.

Das Judentum kennt, wie viele andere Religionen, den Glauben an die Unsterblichkeit der Seele, an ein Paradies (›Garten Eden‹), und an die leibliche Auferstehung der Toten zu einem unbestimmten Zeitpunkt. Mit dem Tod des Körpers ist – so lehrt das Judentum – die Existenz eines Menschen nicht zu Ende.

Der Gottesdienst

Seit der Zerstörung des Tempels durch die Römer im Jahr 70 d. Z. ist der Gottesdienst ausschließlich ein Wortgottesdienst. Tier- und Speiseopfer gibt es nicht mehr. Gesetzestreue Juden beten indessen um den Wiederaufbau eines neuen Tempels in Jerusalem. Er müsste dort stehen, wo die beiden früheren gestanden haben: auf dem Tempelberg, dem *Zion*. Das ist allerdings aus ›technischen Gründen‹ nicht möglich, weil auf dem Tempelberg die beiden Moscheen erbaut worden sind: der Felsendom und die Al-Aksa-Moschee. Konservative und Reformjuden lehnen einen erneuerten Opferdienst aus ideologischen Gründen ab.

Der Gottesdienst in der Synagoge ist nach dem Ablauf des einstigen Tempelkults ausgerichtet. Morgens und nachmittags (oder abends) finden die Gottesdienste statt, entsprechend den Opferzeiten im Jerusalemer Heiligtum. Am Sabbat- und Feiertagsmorgengottesdienst wird das ›Zusatzgebet‹ (*Mussáf*) – in Analogie zum ›Zusatzopfer‹ – beigefügt.

Die Aufgaben der Priester und Leviten sind minimal. Die Priester sprechen im Gottesdienst den *aaronitischen Priestersegen* 4. Mose 6,24–26, nachdem ihnen die Leviten zuvor – als Hinweis auf die körperliche und seelische Reinheit, die das Judentum fordert – die Hände mit Wasser übergossen haben. Bei der Tora-Vorlesung werden Priester und Leviten mit den ersten zwei Aufrufen beehrt.

Jeder männliche Gottesdienstbesucher, der dreizehn Jahre alt und damit Bar Mizwa ist, darf das Vorsingen der Gebete übernehmen. Die Gemeinde antwortet. Es bedarf für das Vorbeten keines bestallten Vorbeters (*Chasán*). Wichtige Gebete sind die Psalmen Davids, das *Sch'ma Jisraél* (›Höre, Israel‹) und die *Schmoné Esré*, das Gebet mit den achtzehn (später neunzehn) Segenssprüchen. Es gibt Gebete für den Privatbereich, eines der wichtigsten ist das Tischgebet nach der Mahlzeit. Die Sprache der Gebete ist Hebräisch, die ›lingua franca‹ des jüdischen Volkes, in welcher auch die meisten Glaubensschriften verfasst sind. Für Nichtkundige gibt es Übersetzungen in allen Weltsprachen. Die bekannteste deutsche Übersetzung stammt von Rabbiner Dr. S. Bamberger.

Der Rabbiner (hebr. *Rabbí*) kann, muss aber nicht predigen. In westlichen Ländern entspricht sein Aufgabenbereich in etwa dem eines Pfarrers. Weil das Zölibat abgelehnt wird, soll auch ein Rabbiner im Prinzip heiraten.

Jeder, der sich berufen fühlt, kann Rabbiner werden. Nach der Ausbildung an einem entsprechenden Seminar oder an einer Talmudschule erhält er die Ordination (hebräisch: *Semichá*). In den Rabbinerseminaren der Konservativen oder Reform-Richtung der USA und Großbritanniens werden seit einigen Jahren auch Frauen ordiniert. Sie übernehmen nach dem Studium wie ihre männlichen Kollegen eine Gemeinde, oder sie arbeiten in den sozialen Bereichen, die wie im Christentum von größter Wichtigkeit sind. Jede jüdische Gemeinschaft besitzt von alters her ihre Fürsorge, die *Kupat Zedaká* (›Wohltätigkeitskasse‹).

Im Innenraum der Synagoge findet sich die ›Heilige Lade‹ (*Arón hakódesch*) mit den Pergamentrollen der Tora. Während der Vorlesung liegt die Tora-Rolle auf dem Tisch der *Bimá* (›Erhöhung‹, von griechisch:

›béma‹). In europäischen Gemeinden heißt die Bima auch *Almemor* (eine Verballhornung des arabischen Wortes ›Al-Minbar‹, Kanzel in einer Moschee). Der Almemor steht im Zentrum der Synagoge. Die Tora, Gottes ›Lehre‹, wird gleichsam ›inmitten Israels‹ vernommen.

In den Synagogen der sogenannten orthodoxen Richtung sitzen männliche und weibliche Gottesdienstbesucher nicht zusammen. Für Frauen und Mädchen ist in der Regel eine Empore reserviert. Desgleichen fehlt der gemischte Chor (nur Knaben singen!) und die Orgel. Die Landessprache wird für die Gebete kaum verwendet. Bei der progressiven Richtung fallen diese Beschränkungen dahin, wobei auch hier Unterschiede im Detail vorhanden sind.

Dogmen, also von einem Konzil beschlossene Glaubenssätze, fehlen. Daher ist auch eine Exkommunizierung von ›Ketzern‹ nicht möglich. Wer in krasser Weise gegen die Glaubensüberzeugungen verstößt, kann aus der Gemeinde – nicht aus dem Glauben – durch den ›Bann‹ (*Chérem*) ausgeschlossen werden. Wenn er seine Abtrünnigkeit bereut, wird der ›Bann‹ gelöst. Wohl am bekanntesten ist der Bannspruch gegen den jüdischen Philosophen Baruch Spinoza (1632–1677) durch die jüdische Gemeinde von Amsterdam. Spinoza widerrief seine ›Irrlehren‹ nicht und kehrte nie mehr in die Gemeinde zurück.

R. Mose ben Maimon (Maimonides, 1135–1204) hat dreizehn Glaubensartikel aufgestellt, in denen er die Quintessenz seiner Überzeugung zusammenfasst. »Ich glaube in vollkommenem Glauben«, so beginnt jeder Abschnitt. Maimonides glaubt an die Einzigkeit, Unkörperlichkeit und Zeitlosigkeit Gottes, an die Erschaffung und Lenkung der Geschöpfe durch Ihn, an die Kraft des Gebets, an die Wahrheit prophetischer Verkündigung, an die ewige Gültigkeit der von Gott offenbarten und sich nicht wandelnden Tora, an das Überblicken menschlichen Tuns durch Gott, an Lohn und Strafe, an die Ankunft des Messias und die Auferstehung der Toten.

Entscheidend ist der Glaube an den Einen-Einzigen Gott, den Schöpfer und Lenker der Welt. Die Einheit Gottes findet in der Einheit der Menschheit ihr Gegenstück: Ein einziger Gott schuf Adam und Eva, von denen alle Menschen abstammen. Daher sind alle

Menschen Geschwister. In den Worten des Talmud, der Mündlichen Lehre:[13] »Deshalb wurde der Adam (der ›Mensch‹, und das sind Mann und Frau) als einziger erschaffen: ... um des Friedens willen. Damit keiner zu seinem Nächsten sagen kann: Mein Vater ist größer als der deine.« Die Gleichheit und damit auch Gleichberechtigung aller Menschen beruht auf ihrem gleichen Ursprung. Aus dieser Gleichheit entspringt die unbedingte und niemals eingeschränkte Nächstenliebe (3. Mose 19,18).

Des Menschen Tun ist Gottes ›Auge‹ unterstellt. Gott »prüft Herz und Nieren« (die Nieren sind nach altem Verständnis der Sitz des Denkens), heißt es zum Beispiel in Jeremia 11,20. Für seine Fehler muss ein Mensch geradestehen, seine guten Taten werden belohnt. Von einem Lohndenken ist indessen nicht die Rede, eine Werkgerechtigkeit im Sinne von »ich handle gut, damit ich belohnt werde« wird verworfen. Die Weisen lehren:[14] »Antigonos ... pflegte zu sagen: Seid nicht wie Diener, die ihrem Herrn dienen, um Lohn zu empfangen, sondern seid wie Diener, die ihrem Herrn dienen, auch wenn sie keinen Lohn empfangen. Und die Furcht vor Gott sei über euch.« Freiwillig unterstelle sich ein Jude dem »Joch des Himmlischen Königreichs«. Wesentlich ist die Überzeugung, dass Fehler wiedergutgemacht werden können. Voraussetzung ist die Einsicht, die zur Buße, zum Umkehr führt (s. o. zu den Hohen Feiertagen).

Die jüdische Religion betrachtet die Geschichte der Menschheit und ist überzeugt, dass diese Geschichte dereinst in das Messianische Zeitalter einmündet. Messias – so haben die griechisch sprechenden Juden das hebräische *Maschíach* wiedergegeben – bedeutet der ›Gesalbte‹. ›Gesalbt‹ war im alten Israel neben dem König auch der Priester. Der Ehrentitel Maschiach-Messias gilt indessen insbesondere für den von den Propheten (etwa Jesaja 11) angesagten Herrscher im ›Friedensreich‹. In dieser vom gläubigen Juden noch immer erwarteten Periode, da die Zerstreuten des Volkes Israel von den »vier Enden der Erde wiederkehren« und der Aufbau zerstörter Städte wie das Erblühen der Wüste beginnen, gibt es keine Kriege mehr. »Sie (die Völker, die zum Gottesberg nach Jerusalem pilgern) werden umhauen ihre Schwerter in Pflugscharen und ihre Speere in Rebmesser, kein Volk wird wider das andere das Schwert erheben, und sie werden nicht mehr den Krieg (Kriegskunst) erlernen.« Universaler Pazifismus und dann auch die Anerkennung Gottes als des Herrschers im Universum (Sacharja 14,9) – das sind die Zukunftsparolen. Man kann das Messianische Friedensreich als ein neues, wiedergewonnenes Paradies ansehen und sagen: Am Anfang der Menschheitsgeschichte stand das Paradies. Durch eigene Schuld trat die Menschheit aus ihm heraus. Sie zieht seither durch die Geschichte mit ihren Höhen und Tiefen, doch sie geht zugleich dem zweiten Paradies entgegen, in welchem wiederum, wie im ersten, der Friede unter seinen Bewohnern herrscht.

Der Messias – nach Jesaja 11,1 ein später Nachfahre, ein »Reisig«, aus dem »Stamme Isaias«, des Vaters von David – ist ein Mensch aus Fleisch und Blut. Er wird geboren und stirbt und besitzt nach jüdischem Verständnis keine göttlichen Attribute. Der Friede wird von Gott, dem »Erlöser Israels«, wie er in der Liturgie verehrt wird, herbeigeführt, nicht durch den Messias. Israels Messias lenkt sein Volk auf hervorragende Weise, doch er ist dazu nur imstande, weil ihn der »Geist Gottes, der Geist der Weisheit und Einsicht ...« (Jesaja 11,2) erfüllt.

Ehe die Messianische Friedenszeit beginnen kann, welche die Weisen mit einer Geburt vergleichen, sind die ›Geburtswehen‹ durchzustehen. Die Menschheit durchschreitet eine schlimme Phase. Ein Text hält fest:[15] »Vor der Ankunft des Messias (eigentlich: in den Fußspuren des Messias) ist die Frechheit übergroß ... Die Regierung wird der Ketzerei verfallen, und es gibt keine Zurechtweisung ... Auf wen können wir uns noch verlassen? Auf unseren Vater im Himmel.«

Eine Wesensänderung des Menschen ist in der Messianischen Zeit nicht zu erwarten. Der Talmudweise Samuel erklärte:[16] »Es gibt zwischen dieser Zeit (Welt) und den Tagen des Messias nur einen einzigen Unterschied: die Unterjochung der Königreiche.« Die Völker werden sich nicht mehr gegenseitig zu unterjochen suchen, sondern in Frieden miteinander leben.

Diese glückliche Ära wird vom Juden noch immer erwartet, wobei sich Unterschiede im Messias-Verständnis abzeichnen. Der liberal-religiöse Jude lehnt zumeist den personenhaften Messias – die Messias-Gestalt – ab, weil er mit dem Königsbild nichts anfangen kann. Der Akzent liegt daher für ihn auf der Messianischen Zeit, einer Zeit, für deren Beginn alle Menschen die Voraussetzungen schaffen, den Weg bereiten müssen.

Stichwortverzeichnis

Anmerkungen

1 Babylonischer Talmud, Sanhedrin, 44a
2 Als Hinweis auf die korrekte Betonung der Wortsilben sind die hebräischen Begriffe in der Einleitung mit einem Akzent versehen.
3 Babylonischer Talmud, Sabbat, 31a
4 Midrasch Sifra, 12
5 Zum Thema: R. Gradwohl, Hasse nicht in deinem Herzen. Grundgesetze des Judentums, Calwer Verlag, 1991.
6 Übersetzt von Martin Buber, Die Schriftwerke, 1952, S. 24.
7 Bei Martin Buber, Die Erzählungen der Chassidim (1949, 755)
8 Mischna, Joma, VIII,9
9 Babylonischer Talmud, Schabbat, 21b
10 Mischna Rosch Haschana, I,1
11 Babylonischer Talmud, Schabbat, 132a
12 Babylonischer Talmud, Schabbat, 151b
13 Mischna Sanhedrin, IV,5
14 Sprüche der Väter, I,3
15 Mischna Sota, IX,15
16 Babylonischer Talmud, Berachot, 34b

Bereits im Calwer Verlag erschienen

Roland Gradwohl / Dieter Petri /
Jörg Thierfelder / Rolf Wertz

Grundkurs Judentum

Materialien für Schule und Gemeinde
Zweite, überarbeitete und erweiterte Auflage
calwer materialien; ISBN 3–7668–3712–5

Auf über 100 durchgehend illustrierten Arbeitsblättern stellt der »Grundkurs Judentum« Geschichte, Wesen und Gestalt des Judentums von den Ursprüngen bis zur Gegenwart anschaulich dar. Er enthält Sachinformationen, Bilder, Graphiken und didaktisch-methodische Hinweise zu jedem Arbeitsblatt.

Der »Grundkurs Judentum« bietet eine in dieser Zusammenstellung einmalige Fülle von praxisnahen und abwechslungsreichen Materialien für sämtliche Lehrplanthemen, in denen das Judentum bzw. die jüdische Sichtweise eine Rolle spielen.

Der »Grundkurs Judentum« eignet sich für die Schule (vor allem Sekundarstufe I und II) und die Erwachsenenbildung.